MUJERES QUE CORREN

MUJERES QUE CORREN

TODO LO QUE NECESITAS SABER SOBRE EL *RUNNING*

CRISTINA MITRE

temas'de hoy.

Primera edición: abril de 2014
Segunda impresión: abril de 2014

El papel utilizado para la impresión de este libro
es cien por cien libre de cloro
y está calificado como **papel ecológico**

Ediciones Temas de Hoy es un sello editorial de Ediciones Planeta Madrid, S. A.
C/ Josefa Valcárcel, 42, 28027 Madrid
www.temasdehoy.es
www.planetadelibros.com
ISBN: 978-84-9998-394-3
Depósito legal: M. 5.679-2014
Preimpresión: J. A. Diseño Editorial, S. L.
Impresión: Unigraf, S. L.
Printed in Spain-Impreso en España

Índice

A mis padres, por enseñarme el valor del esfuerzo.

A Jony, por ser la mejor liebre del mundo

«The trick, William Potter, is not minding that it hurts.»
(El truco, William Potter, es que no te importe que duela.)

T. E. LAWRENCE en la película *Lawrence de Arabia*

1

Correr no puede ser bueno

«Ufff, pero qué horror. Me va a dar algo. No puedo más. A mí ¿quién me manda correr? A mis treinta y dos años, ¿qué necesidad tengo de hacerme esto a mí misma? Si es como un castigo divino. Nada, en cuanto no me vean, doblo la esquina y vuelvo para mi casa. Andando, por supuesto. Igual el resto del grupo no se da ni cuenta.

¿Cuánto llevaré? Seguro que por lo menos 2 kilómetros. Madre mía, pero si solo han pasado ¡5 minutos! Nunca pensé que el camino a la M-50 estuviese tan lejos. ¡Este tío está loco! Correr por estos secarrales, en pleno mes de septiembre, sin agua y encima a las siete de la tarde. Y luego cuestas. Yo paso, que corra otra. Es que, ¿a quién se le ocurre?

¿Y este picor de piernas? Es horrible. No puedo parar de rascarme. Me pica todo. ¡Me arde hasta el culo!

Me voy a morir de sed. Tengo la lengua seca.

¡Qué calor! La cara me echa humo. Seguro que estoy más roja que un tomate. El corazón me sale por la boca. Si hasta puedo notar mis pulsaciones en la garganta. Estoy a punto de fibrilar. Lo veo venir. Ya verás, ¿a que me da una lipotimia? Me muero. ¿Te imaginas? ¡Qué vergüenza!

¿Dónde están las famosas endorfinas? ¿No se suponía que correr te relajaba? Pues menudo estrés. Esto es un infierno.

No puedo más. Me paro. Eso, me paro y camino. A paso rápido, en plan *power walking*, igual cuela. Venga, camino. No, no, ¿cómo voy a caminar si ninguna de estas chicas lo hace? A ver si alguna hace el amago. No voy a ser yo la única del grupo.

Venga Mitre, con dignidad hasta el final. Pase lo que pase. Cueste lo que cueste. Aunque dejes el hígado. ¡Tú puedes! ¡Vamos!

¡No, no puedo! ¡Ni de coña! Que le den al *running*. No es lo mío. Yo paso, ¿para qué?

De verdad, ¿por qué me esfuerzo?, ¿por qué lo hago?, ¿por qué me empeño? Nunca he dado el perfil de deportista. Si de niña hasta llegué a fingir estar mala para no ir a clase de gimnasia, porque había que colgarse de las espalderas bocabajo y hacer el dichoso murciélago, ¿qué hago ahora corriendo?

Sí, está claro, tengo que asumirlo: no fui hecha para ser atleta. De las Spice Girls yo podría haber sido cualquiera de ellas. Todas menos la deportista.

De verdad, qué sufrimiento más absurdo. ¡Me falta el aire! ¡Me ahogo!

Esto de correr no puede ser bueno.»

Así me sentía el 4 de septiembre de 2009, el día que empecé a correr.

Por qué correr y no hacer yoga, que relaja mucho

No, con el *running* no tuve ninguna revelación. Ni en aquel momento vivía su *boom* actual ni era *cool*. En mi entorno no corría nadie, nunca me había interesado el atletismo y en la carrera que organizaban en el colegio siempre hacía trampas. Empezar a correr fue una decisión práctica: llevaba un año sin hacer ejercicio y quería perder esos dos kilos que se habían pegado a mis muslos y caderas. Y, además, era septiembre, el mes de los buenos propósitos, y entre los míos estaba ponerme en forma.

Sentía la necesidad de hacer algo, de moverme y, como tampoco tenía un gimnasio cerca del trabajo, acudí al polideportivo municipal a preguntar por las clases colectivas. ¡Sorpresa! Llegaba tarde, como siempre. En lo único que quedaban plazas disponibles era en una actividad llamada Corredores populares, y ahí me apunté. Cuando fui a pagar me comentaron que el entrenador primero te dejaba probar para que luego decidieses si te gustaba o no la actividad. Se mascaba la tragedia...

Logré convencer a mi vecina Celia para que viniese conmigo y allí nos presentamos las dos, con más fuerza de voluntad que ganas, ese inolvidable 4 de septiembre.

Pablo, el entrenador, nos dijo que íbamos a trotar hasta un campo cercano a la M-50, donde luego haríamos unas ¡cuestas! Ese sería el postre para completar la megapaliza anterior. Creo que logré correr durante 15 minutos y en muchos momentos me sentí como la protagonista de aquellos famosos episodios de *Érase una vez la vida*. Era tal el esfuerzo que podía ver en dibujos animados cómo el supervisor de mi corazón debía estar pidiendo a los obreros de mi sangre que bombeasen más oxígeno a mis maltrechos músculos.

Mientras corríamos, Celia decía que le subía sangre por la garganta, y yo le repetía como un mantra: «Venga, podemos. Si te sacaste el título de matrona con dos niños pequeños, cómo no vas a poder con esto». En el fondo, yo tampoco me veía capaz, pero, como diría mi madre, o nos iluminó la Virgen o nuestra voluntad fue más fuerte que nuestras ganas de abandonar. Ese primer día lo conseguimos.

Y sí, después de ese trote infernal, tuvimos el valor (o la inconsciencia) de hacer las cuestas. En ese punto, yo ya estaba tan roja, tan sofocada, tan congestionada que más de un compañero me preguntó si estaba bien. Cuando logré recuperar el aliento, pregunté a las corredoras más experimentadas del grupo si aquello sería siempre así, si en algún momento mejoraría y lograría correr sin la sensación de estar a punto del paro cardiaco. La respuesta fue unánime: «Todas hemos empezado como tú». Así que decidí que el jueves siguiente volvería a intentarlo. Me aseguraron que, pese al dolor, el sufrimiento y las inmensas ganas de vomitar que tenía, podría hacerlo.

Hoy, cuando se cumplen cuatro años de mi aventura *runner*, escribo este libro mientras preparo el que será mi primer maratón. ¿Quién lo hubiese pensado?

Puedo y lo haré

Correr es como el wasabi en el sushi. La primera vez piensas que es horrible, pero le coges el gusto a que te pique la nariz y los ojos se te llenen de lágrimas. Con el tiempo, ya no puedes comerte los nigiris sin él porque te engancha, es casi adictivo. Con el *running* pasa algo muy parecido. El día que empiezas a correr, pese al dolor y el sofoco, ya no puedes parar.

Jamás pensé que unas zapatillas me llevarían tan lejos, ni que un día trescientas mujeres correrían conmigo por el parque del Retiro, y mucho menos que Temas de Hoy me propondría escribir un libro sobre mi particular aventura con este deporte. Al final, sin esperarlo, correr me ha dado una lección de vida. Es la demostración empírica de que, si uno quiere, puede.

Correr muscula tu cuerpo, desde tus piernas hasta el corazón, pero sobre todo tu fuerza de voluntad. ¿Levantarse a las seis y media de la mañana para hacer series? ¿Llegar tarde de la oficina y calzarse las zapatillas pese al frío y la lluvia? ¿Madrugar un domingo para hacer la tirada larga? Sí, serás capaz de eso y mucho más. Aunque al principio, cuando me dolían hasta las pestañas con cada zancada, yo también lo dudaba.

Debemos admitirlo: correr tiene cierto punto masoquista. Duele, cuesta, se sufre, pero también proporciona un placer inigualable. Cuando corro, no noto que las endorfinas fluyan por mis venas ni nada parecido. No oigo música de violines, ni me muevo tan ligera como una gacela (muchas veces todo lo contrario). Me cuesta, siempre me duele algo (cuando no es el peroneo son los isquiotibiales), sudo (¡mucho!) y siempre tengo la sensación de no poder más. Pero al terminar, cuando aprieto la tecla de *stop* del reloj y me descalzo para estirar, me siento capaz de todo. Correr me hace poderosa, porque he vencido la pereza y he sacado fuerzas cuando creía que mi cuerpo no podía dar más de sí. Lo fácil hubiese sido ponerme una excusa para no hacerlo, quedarme en casa dormitando bajo el calor de las sábanas o estar tirada en el sofá contemplando el blanco infinito del techo. Sin embargo, he sido capaz de decirle a mi cerebro que les diga a mis piernas que corran. Incluso sin tener ganas.

Jamás me he arrepentido de salir a correr (ni cuando me he lesionado, porque he aprendido la lección), pero sí he tenido remordimientos por no haberlo hecho, por perderme la oportunidad de disfrutar de mi cuerpo. Correr es un privilegio que no debemos desaprovechar. Así que, mientras me queden fuerzas, me ataré los cordones de las zapatillas para demostrarme a mí misma que sí, que puedo.

Running like a lady. Los beneficios físicos y psicológicos de correr

Todavía no le he encontrado la explicación, pero muchas veces, cuando menciono que corro, siempre hay alguien que me predice una vejez apocalíptica, que invariablemente incluye prótesis de cadera o rodillas hechas polvo. No sé por qué el mundo se empeña en quitarnos el mérito y no reconocernos el esfuerzo. En lugar de darnos la enhorabuena por ser activas, por optar por un estilo de vida saludable y poner freno al sedentarismo, quieren sembrar la duda en nuestras cabezas.

Después de cuatro años quemando zapatilla, antes de las carreras mi madre me sigue dando dos consejos: «Hija, no te pases y no dejes el hígado». Y no es solo cosa de mi madre. En mi casa mi decisión de correr una maratón ha causado, por decirlo de algún modo, cierta controversia. En la sobremesa, mi fiebre *runner* es el monotema, y la frase lapidaria que más escucho es la siguiente: «Una cosa es correr y otra pasarse». Aunque después de mucha terapia familiar he conseguido que ahora cambien el discurso y me digan: «Bueno, pues haz una para probar». Me he salido con la mía. Lo que no saben es que la consecución de un reto viene acompañada siempre de otro sueño por cumplir.

Creo que alrededor del *running* hay mucha leyenda urbana. Si corres con cabeza (y en este libro espero despejar algunas dudas), te durará toda la vida y te acompañará en distintas épocas vitales, de la adolescencia, pasando por la maternidad, hasta la menopausia.

Correr es muy beneficioso para las mujeres tanto desde el punto de vista físico como psicológico. Correr no solo refuerza las articulaciones, sino que las hace más flexibles, mejorando su rango de movimiento. Ayuda a prevenir la osteoporosis, al reforzar los huesos de las piernas y la columna, y también incrementa nuestro metabolismo basal. Y esto os va a gustar mucho, porque significa que quemarás más calorías incluso en reposo. El ejercicio cardiovascular es un arma superpotente para reducir la grasa corporal, algo vital en la prevención de enfermedades cardiovasculares, diabetes y cáncer de mama.

Y no hay que hacerse maratoniana para disfrutar de todos sus beneficios. Con practicarlo 20 minutos, de tres a cuatro veces por semana, es suficiente, pero te sabrá a poco y querrás más. ¡Quedas advertida!

Pero más allá de que correr me haga más fuerte o me permita subir las escaleras del metro sin ahogarme, para mí su mayor beneficio es que me da una energía increíble.

Cuando corro por las mañanas, entro en la redacción de *ELLE* con tanto ímpetu que hay quien me pregunta qué he tomado con el desayuno. Mi respuesta: «Ocho series de 1000 metros». Y puede que ese día no las haya hecho a tope, o no me haya sentido al cien por cien, pero no importa, porque la satisfacción es enorme al haber cumplido mi objetivo. Y ahí, *my ladies*, reside la magia de correr, porque es la consecución de un reto, por pequeño que te pueda parecer. Es hacer posible lo imposible.

En una revista femenina todos los meses hay que estrujarse la cabeza para sorprender a nuestras lectoras con historias nuevas. Además, tengo un blog (thebeautymail.blogs.elle.es) que actualizo dos veces por semana y varias redes sociales que alimento a diario. Así que me paso la vida en constante modo *on*, discurriendo, imaginando, pensando, hilvanando nuevas historias, que la mayoría de las veces se me ocurren en la ducha o mientras corro.

Correr estimula la imaginación, quizá porque mejora la oxigenación del cerebro y, además, otro beneficio colateral es que ayuda a organizarse, porque hay que buscar hueco para poder salir a correr. Además, en mi caso es de los pocos ratos en los que estoy sola (¡por fin!), no suena el teléfono, ni las notificaciones de las 50 *apps* que tengo en el móvil, ni nadie me reclama. Soy yo con mis pensamientos y puedo organizarlos. Mientras corro hago desde cosas tan básicas como la lista de la compra hasta solucionar situaciones conflictivas, porque me permite verlas con cierta distancia.

10 consejos para empezar a correr

1. No te frustres. Es normal que el primer día que empieces a correr no aguantes ni 3 minutos, y da igual que hayas practicado otros deportes, porque correr exige un esfuerzo y una respuesta musculoesquelética distinta. Date tiempo, y sí, podrás hacerlo. Como decía el cofundador de Nike, Bill Bower-

man, «If you have a body, you are an athlete» (si tienes un cuerpo, eres un atleta).

2. *Take it easy, my friend.* Es mejor empezar poco a poco con objetivos alcanzables, que puedas ir cumpliendo, que ponerte una meta demasiado ambiciosa. Arranca suave para ir aumentando la intensidad. Así no solo manejarás mejor tus expectativas, evitarás lesiones y, además, podrás ir comprobando tu progresión, lo que te animará a seguir adelante. Recuerda: siempre de menos a más. Las claves: moderación, constancia y descanso.

3. Dónde y cuándo. Antes de salir de casa planifica un poco tu ruta. No hay nada peor que no saber por dónde tirar, tener que parar cada tres metros por un semáforo o ir esquivando gente. Frustra y agota a partes iguales.

   Por otra parte, para que correr se convierta en hábito es importante que intentes salir siempre a la misma hora y día. Si es al mediodía los martes y los jueves, intenta seguir esa rutina, esos días tienes una cita con tus zapas. Aun así, date un margen para ser flexible y no seas demasiado ambiciosa porque solo te frustrarás —salir a correr dos días es mejor que no hacerlo ninguno—. Cuando algo se convierte en hábito, como lavarse los dientes, ponerse las lentillas o echarse crema, es más difícil saltárselo.

4. Descansa. Tan importante es correr como darles tregua a tus músculos y articulaciones. Al principio, en su afán por mejorar, muchas mujeres se hartan a hacer kilómetros, y lo más probable es que terminen lesionadas. Recuerda que el descanso es también parte del entrenamiento.

5. Otra medida para juzgar tus progresos. Muchas mujeres comienzan a correr con el objetivo de perder peso. No hay nada malo en ello, de hecho, es la mejor elección porque es el ejercicio que más calorías quema. Además, cualquier excusa es buena si la meta es adquirir hábitos de vida saludables. Sin embargo, no desesperares si al mes no has logrado bajar de peso. No midas tus progresos en kilos, sino en minutos y en distancias. Date la enhorabuena cuando logres correr 1 kilómetro o 2 minutos más y no te mortifiques si la báscula no cambia de cifra. Los kilos se irán yendo, date tiempo.

6. A tu ritmo. Es probable que al principio vayas sin reloj ni pulsómetro, así que para saber si llevas el ritmo adecuado hay un truco muy sencillo: basta con hablar. Si eres capaz de mantener una conversación sin ahogarte, es que ese es tu ritmo; si no lo consigues, baja la intensidad.

7. ¡Cuéntalo! No dudes en compartir tus progresos en las redes sociales, verás que muchos reconocen tu esfuerzo enviándote mensajes de ánimo. ¡Se te disparará la autoestima!

8. Intégralo. Una vez más nuestras vidas son como un circo de tres pistas y, como mujeres, nos vemos forzadas a hacer malabarismos con nuestro tiempo. A la familia se une el trabajo y, ahora, sacar tiempo para correr. No te estreses, elige qué tipo de *runner* quieres ser y haz que tu afición sea compatible con tu estilo de vida. Quizá no tengas tiempo para preparar una carrera, pero puedes salir a correr simplemente para disfrutar de ese momento a solas.

9. *Practice, practice, practice*. No os voy a engañar: las dos primeras semanas son duras. Pero, como con la mayoría de las cosas, cuanto más practicas, mejor se te da. Así que sé fuerte y a por ello.

10. Consulta con tu médico. En principio, se presupone que todas gozamos de salud para poder correr y, aunque yo no me hice una prueba de esfuerzo (que permite conocer tu adaptación cardiovascular al ejercicio físico) hasta plantearme el medio maratón, no está de más consultar con tu médico de cabecera por si considera oportuno hacerte un chequeo general. Si tienes problemas cardiacos o con tus articulaciones, la parada en *boxes* es obligatoria. ¡Más vale prevenir que lamentar!

¿Puedo realmente correr?

«¿Nunca has pensado que corriendo te podría dar un ataque al corazón?», me soltó un día mi amiga Amaya mientras nos tomábamos nuestro café mañanero en la redacción. Mi respuesta me salió del alma o quizá del corazón: «Pero qué dices. Pues claro que no». Sin embargo, si te hacen la pregunta cuando vas de público a una carrera, sobre todo si te sitúas en los últimos kilómetros de un maratón, quizá te replanteas la respuesta.

Para aclarar dudas y saber qué pruebas es necesario hacerse antes de iniciarse con el *running* le he preguntado al doctor Carlos Mascías Cadavid, *runner* convencido y director médico del hospital HM Universitario Sanchinarro.

¿Qué pruebas médicas deberíamos hacernos antes de empezar a correr?

«Antes de iniciarse tanto en el *running* como en cualquier otra actividad deportiva, se recomienda acudir al médico de cabecera para contarle "nuestros planes". Lo recomendable es hacer una buena historia clínica que incluya no solo los antecedentes médicos propiamente dichos, sino también los deportivos (historia de práctica de deportes en la infancia y juventud, tipo de deporte practicado, lesiones importantes, etc.), centrada en los objetivos que nos hayamos marcado.

»Es muy importante recalcar que estos han de ser asumibles y ajustados a nuestro nivel, ya que la principal fuente no solo de desánimo, sino también de lesiones y problemas mayores es un inicio demasiado rápido en el *running*, queriendo estar en pocos meses en tiempos de carrera y en distancias propias de corredoras con años de kilómetros en las piernas.

»Además, el médico ha de realizar una completa exploración física, centrada en el sistema cardiovascular (auscultación cardiaca, palpación de los pulsos periféricos) y pulmonar (auscultación de los pulmones), al mismo tiempo que evalúa el sistema locomotor, tanto el tren inferior (caderas, rodillas, tobillos y pies) como el superior (escápulas, hombros, cuello), fundamentales en el *running*, en busca de deformidades, disimetrías (tener una extremidad más larga que la otra) o dolor con ciertas maniobras que pueden darnos pistas sobre lesiones actuales o antiguas. También se debe comprobar siempre la alineación de la columna vertebral por si hubiese desviaciones (escoliosis) y contracturas de los músculos que le dan soporte.

»Las exploraciones complementarias básicas que debemos hacernos en la consulta del médico de cabecera son dos: un electrocardiograma y una analítica sanguínea. Dependiendo de los hallazgos de la historia, de la exploración y de estas dos pruebas, el médico decidirá si hay que realizar otras adicionales o bien derivar a un especialista.»

¿Qué información nos proporciona cada una de ellas?

«La analítica básica se consigue al extraer una muestra de sangre venosa del antebrazo tras un ayuno de seis horas como mínimo. Esto, que puede parecer mucho menos complicado que un entrenamiento de series o sesiones de fuerza en el gimnasio, en ocasiones, representa un obstáculo gigante para muchos, pero si pensamos que es una parte básica de nuestra preparación, seguro que nos ayuda a superar el poco agradable momento del pinchazo.

»Los parámetros a los que debemos prestar atención en los análisis son aquellos que hacen referencia a nuestros niveles de hemoglobina (esa molécula que se encarga de transportar el oxígeno en la sangre desde los pulmones hasta el resto del cuerpo), glóbulos blancos (los encargados de la "defensa" del organismo ante infecciones y otras agresiones...), la glucosa (cifras elevadas obligan a buscar una diabetes), indicadores de función del riñón (creatinina), hígado (las transaminasas) y tiroides, así como los niveles de hierro (fundamentales en mujeres en edad fértil y cuyo déficit puede provocar anemia). Existen muchos más parámetros que se pueden obtener, pero, simplificando mucho, estos serían los básicos.

»El electrocardiograma es el registro gráfico de la función del corazón. Se consigue colocando unas pegatinas (electrodos) sobre la piel del pecho y conectándolos mediante unos cables a un aparato que "traduce" los impulsos eléctricos en unas complejas líneas dibujadas sobre un papel milimetrado. El electrocardiograma (también denominado ECG, EKG en el mundo anglosajón, o simplemente *electro*) es básico para descartar arritmias y otros trastornos del ritmo, al mismo tiempo que nos informa del tamaño de los ventrículos (hipertrofia) y de un montón de cosas más. Es habitual que aquellas de vosotras que normalmente hacéis deporte tengáis una frecuencia cardiaca (las "pulsaciones") baja.»

¿Es realmente necesario hacerse estas pruebas?

«Sí, lo es. Sin duda. Dice el gran doctor Valentín Fuster que "vivimos en una sociedad que se cree que no es vulnerable". Cada día vemos en las consultas más casos de situaciones médicas que hubieran sido evitables gracias a una consulta previa al inicio de la actividad deportiva, y no me refiero solo a las más temidas (las que tienen que ver con temas cardiacos o muerte súbita), sino también a problemas menores, lesiones traumatológicas, anemias, etc. Si a nuestros coches les hacemos la ITV y les miramos el dibujo y presión de los neumáticos antes de un largo viaje, ¿cómo no vamos a hacer eso mismo con nuestro cuerpo? Pensar así y ser conscientes de que todos somos vulnerables nos ayudará a acudir a nuestro médico antes de ponernos seriamente a correr. Y digo esto y no "a correr en serio", porque correr seriamente significa ser riguroso y no saltarse pasos. Y este ha de ser el primero.»

¿Basta con ir al médico de cabecera o hay que acudir a un especialista?

«En la gran mayoría de los casos, sí. En un pequeño porcentaje, será necesaria la intervención de un especialista y la realización de pruebas complementarias que no están al alcance de la mayoría de los servicios de Atención Primaria. Lo más habitual es derivar al cardiólogo ante la presencia de alguna anomalía en la auscultación (soplos) o en el electrocardiograma (arritmias, bloqueos), o al traumatólogo si vemos indicios de lesiones. También los endocrinólogos y los hematólogos son con frecuencia requeridos cuando detectamos alteraciones en los análisis. Habitualmente son estos especialistas los que nos pueden pedir pruebas más complejas, como análisis más extensos, ecocardiogramas (una ecografía del corazón), resonancias magnéticas, etc.»

¿Podemos presuponer que todas estamos lo suficientemente sanas como para correr?

«En Medicina, la suposición es la madre del error. Y con la salud no podemos permitirnos esto. Es cierto que aquellas mujeres que han realizado deporte anteriormente o que lo hacen de forma más o menos regular pensarán que estamos exagerando, pero, y vuelvo al ejemplo de la ITV, ¿cómo no vamos a pasar una inspección periódica de nuestro propio cuerpo cada cierto tiempo y más teniendo en cuenta que a veces lo sometemos a un esfuerzo bastante exigente? No podemos dar por supuesto en todos los casos que "todo está perfecto" y que las que tienen problemas "son las otras". En este caso, prevenir no solo es vivir, sino que es garantizarse que podremos correr con seguridad y obteniendo el máximo rendimiento.»

Entonces, ¿hay que hacerse la famosa prueba de esfuerzo?

«La ergometría o prueba de esfuerzo consiste en someter al sujeto a un esfuerzo mensurable y controlado al mismo tiempo que se registra su ritmo cardiaco y su presión arterial. En casi todos los casos se hace sobre un tapiz rodante (la clásica cinta de correr de los gimnasios), cuya velocidad e inclinación se manejan por el especialista que realiza la prueba. Dependiendo del tiempo de ejercicio conseguido (existen diversos protocolos en función de lo que se quiera "exprimir" al paciente), podremos saber nuestro estado de forma, al mismo tiempo que observamos la respuesta del corazón en cuanto a la frecuencia cardiaca que consigue en respuesta al esfuerzo, alteraciones del ritmo, signos de "sufrimiento" del músculo cardiaco y tensión arterial con el ejercicio. Aunque existen modalidades complejas, con protocolos avanzados y con medición del consumo de oxígeno (para esto se ha de colocar una incómoda mascarilla) y de ácido láctico (se van obteniendo muestras de sangre del lóbulo de la oreja en diferentes momentos de la prueba), para las corredoras populares y para aquellas que se inician la ergometría básica es suficiente.»

¿En qué momento hay que hacerla?

«No es una prueba de las básicas, pero sí que es muy recomendable hacerla, y más en los casos en los que por indicación médica sea necesario, o en aquellas mujeres que ya corren y quieren progresar en su entrenamiento, o si, tras una larga inactividad o reducción del volumen de entrenamientos, queremos saber en qué estado de forma nos encontramos. Es muy recomendable hacérsela y repetirla cada dos años en caso de corredoras populares (anualmente en aquellas más "pro").»

¿Qué pasa si soy hipertensa? ¿Puedo correr?

«La hipertensión arterial es una situación bastante más común de lo que parece, aunque solo en casos muy extremos la práctica de ejercicio está contraindicada. Es más, uno de los pilares de su tratamiento es la realización de ejercicio físico (las guías actuales de hipertensión recomiendan entre 3 y 4 sesiones semanales de unos 40 minutos de ejercicio de "moderado a vigoroso"), ya que está científicamente demostrado que ayuda a reducir las cifras de presión arterial (entre 4 y 9 mm de Hg), sobre todo cuando se asocia a otros cambios en los hábitos de vida (reducción de peso, dieta equilibrada con disminución de la ingesta de sal en las comidas, moderación en el consumo de alcohol, etc.).

»Las mujeres hipertensas, tanto si toman medicación específica para el control de la presión arterial como si no lo hacen, deben consultar con su médico de cabecera (y si lo considera, además con su cardiólogo) antes de comenzar a correr y también ante cualquier síntoma de aviso, como palpitaciones, mareos, dolor de cabeza, etc. Los riesgos reales de una "subida de tensión" provocada por el ejercicio, si este es moderado y la corredora tiene la presión arterial controlada, son realmente bajos, y no deben ser un impedimento para la práctica de ejercicio, incluso en intensidades algo más altas. En este grupo de mujeres es obligatorio realizar una ergometría para controlar la respuesta de la presión arterial ante el ejercicio y determinar los "umbrales" hasta los que es seguro llegar sin riesgo.»

¿Y qué ocurre si eres diabética?

«La diabetes mellitus (la que todos conocemos simplemente por diabetes) es un trastorno metabólico que se traduce en un aumento de los niveles de glucosa en sangre. La diabetes de tipo uno se suele diagnosticar en edades tempranas y desde el inicio requiere tratamiento con insulina. Las corredoras que padecen este tipo de diabetes deben tener cuidado para evitar las "bajadas de azúcar" o hipoglucemias asociadas al ejercicio y, si no han hecho ejercicio antes, deben estar supervisadas por su médico, al menos al inicio. De todos modos, al ser una condición que muchas veces se diagnostica en la infancia o juventud temprana, y teniendo en cuenta que el ejercicio físico (¡cuidado! No cualquiera, pero el *running* sí que lo es) es muy beneficioso a la hora de controlar los niveles de glucosa, muchas de estas mujeres ya están acostumbradas a manejar tanto sus dosis de insulina en relación al ejercicio como las medidas para prevenir las hipoglucemias. De hecho, hay muchos deportistas profesionales que son diabéticos tipo 1 y que compiten al mismo nivel que los que no lo son.

»El grupo más numeroso de pacientes (nueve de cada diez, aproximadamente), sin embargo, es el formado por los que sufren la diabetes de tipo dos, que es aquella que aparece en edades más tardías y se asocia en gran medida a la obesidad y el sedentarismo. Es ahí donde el *running* es casi una medicina: la práctica regular de ejercicio físico reduce los niveles de glucosa en sangre y ayuda a bajar de peso, y es una recomendación de todos los endocrinólogos del mundo como base del tratamiento de la diabetes, independientemente de si se asocia luego medicación específica (pastillas o insulina).

»Luego, las corredoras diabéticas no solo pueden, sino que deben correr. Eso sí, siempre bajo control médico y siempre llevando consigo alguna fuente de azúcar de absorción rápida (caramelos, geles, etc.). Es, además, muy recomendable que, tanto si corren acompañadas como si no, se incluya algún tipo de identificación (existen infinidad de pulseras y colgantes) donde se informe de su condición de diabética y de algún teléfono de contacto. Lo sé, suena un poco alarmista, pero siempre es mejor prevenir que curar. Los inicios de las corredoras diabéticas en el *running* han de ser paulatinos, pero dando prioridad a la constancia; es decir, de nada sirve una paliza un día y cuatro descansando. Es mucho mejor tres o cuatro sesiones semanales de *running*, aunque al principio sea incluso alternando carrera con caminar. Conclusión: *ladies* diabéticas, ¡a correr!»

Correr para superar obstáculos. La historia de Ángeles

Conocí a Ángeles en abril del año pasado, en la tercera quedada de Mujeres que Corren. Me preguntó varias veces cuántos grupos había, cuántos kilómetros haría cada uno y a qué ritmo. La noté nerviosa y no sabía muy bien la razón. Intenté tranquilizarla y le propuse que simplemente disfrutase de la experiencia. Esa noche cuando llegué a casa tenía un mensaje suyo en el Facebook que me hizo comprender su inquietud. Su testimonio, tan sincero y real, me impactó. Por eso le he pedido que comparta aquí su historia. En los días de pereza, cuando no encuentro las ganas de correr, pienso en Ángeles y enseguida recupero la motivación que me falta, y recuerdo lo afortunada que soy de poder correr.

> Me llamo Ángeles, tengo cuarenta y seis años y soy ingeniero industrial por formación, madre por vocación, enferma de esclerosis por azar y corredora por naturaleza. Que ¿por qué corro? Por puro placer. No sé hacer otra cosa.
>
> Me metí, por casualidad, en el equipo de atletismo del cole. Empecé a correr, me gustaba y se me daba bien.
>
> Pero ese fervor adolescente, que me trajo copas y medallas, fue la puerta hacia una relación más pausada e intensa a la vez: correr por placer.

Solo necesito un par de zapatillas y música. Mi otro gran amor. Corro cuando la rabia y la impotencia me aceleran, cuando la tristeza me ahoga.

Corro cuando la felicidad me desborda y me da alas más que pies, y así puedo dar salida a toda esa euforia. A veces he corrido llorando, a modo de catarsis, calmando y acunando mis tormentos, y también he corrido aguantando las ganas de cantar. He corrido preocupada, ansiosa, melancólica, culpable. Y siempre me ha hecho bien. Pocas veces me ha decepcionado.

He corrido en plenos exámenes para despejarme y he corrido para romper la rutina de mi vida; he corrido buscando inspiración y también cuando trabajaba más horas que vivía. He dejado de correr en mis embarazos y he vuelto a retomarlo con mis bebés. He corrido cuando me sentía gorda como una vaca y cuando me sentía más fuerte que Sansón.

He corrido a veces sin ganas también, poniéndome las zapatillas casi sin pensar lo que hacía, y ha habido veces en las que me he rebelado, en las que no he querido hacerlo, solo porque no me apetecía y, como una amante orgullosa, he dejado pasar días creyendo que no lo necesitaba, que estaba mejor así, para luego darme cuenta de que sin correr no soy ni la mitad de mi persona.

Corro y siento.

Corro y huelo.

Corro y estoy a solas con mi música.

Corro y planifico, reflexiono, me tranquilizo y me evado.

Siempre he pensado, además, que las personas que me quieren aparecen mientras corro.

Correr es parte de mí. No sé hacer otra cosa.

A principios del 2012, me diagnosticaron esclerosis sistémica progresiva. Es una enfermedad autoinmune que, por explicarlo de forma sencilla, «rigidiza» las células del tejido conectivo de cualquier parte del cuerpo: arterias, tendones y órganos internos. Yo he empezado por los tendones de manos y pies y parece que últimamente mi sistema pulmonar está fallando también. Estoy aprendiendo a vivir con dolor y con algunas limitaciones. Sin embargo, me niego a tirar la toalla.

Suelo correr 10 kilómetros en mi día a día, pero llevo tiempo con muchas paradas intermitentes por mi enfermedad. He tenido que aprender a caer con una pisada nueva para que no me duelan los dedos de los pies. También a evitar la tos que me produce la hipertensión pulmonar, porque eso además hace que se me escape el pis por el desastre de suelo pélvico que tengo. Hecha una piltrafa, pero contenta. Con ganas de luchar. Y yo que soy competitiva y estoy acostumbrada a luchar y ganar, ahora he tenido que aprender a luchar y seguir luchando, a seguir aunque pierda. Y me siento contenta y feliz.

Corriendo me siento libre.

Disfruto. No me pongo marcas ni metas. Puro placer. Es un amor a largo plazo. Un amor de fondo.

2
Run, Cris, *run*

Después de sobrevivir a ese primer día, empecé a correr con el grupo de chicas todos los martes y los jueves de siete a ocho de la tarde. Luego, se suponía que había que «hacer una tirada» los domingos.

Para motivarme me compré unas zapatillas y unas mallas. ¿Qué mejor forma de coger el hábito que yéndome de *shopping*? Ya tenía excusa. Para acertar con la compra no me leí la revista *Runner's,* ni ningún libro, y ni mucho menos me preocupé de saber cómo era mi pisada. Le pregunté a mi prima Laura con qué corría ella y me compré las mismas zapatillas. Y ojalá en aquel momento alguien me hubiese explicado que no es lo mismo pronar que supinar, porque me hubiese ahorrado un par de disgustos con mis uñas y varias punciones secas en los gemelos. Para empezar, cometí el clásico error de novata: las compré pequeñas. Esas primeras «alas» eran un 39, hoy calzo un 40,5. Y no, no me ha crecido el pie un número y medio en cuatro años. Mi error fue comprar unas zapatillas como si se tratase de un par de zapatos. Así que para ahorrarte unos cuantos dolores, lee con detenimiento estos consejos.

«Que sean monas y estén bien»

Esta frase me la han dicho varias amigas cuando me piden que les recomiende unas deportivas, incluso hay quien se las compra con control de pronación cuando su pisada es neutra solo porque le gustan los «colorinos». Craso error. Cuando quieras comprarte unas zapatillas de correr, ponte en manos expertas y déjate asesorar. Las tiendas especializadas son tu mejor baza, porque el personal está muy cualificado (la mayoría son corredores) y sabrán recomendarte las que mejor se adecuen a tus necesidades teniendo en cuenta factores como por dónde corres (asfalto, caminos, etc.), cuántos días a la semana entrenas, tu peso y tu pisada.

Y tú de qué tribu eres

Seguro que has oído hablar de pronadores y supinadores, pero ¿quién es quién y por qué es tan importante saber cómo pisas? Buena parte de las lesiones que sufren los corredores (sobre todo los que se inician) vienen provocadas por no llevar las zapatillas adecuadas. Por eso, es importante saber cómo se comporta tu cuerpo al correr. La pronación no es otra cosa que la rotación natural que realizan los pies hacia el interior al correr o caminar para así amortiguar el impacto. Recuerda que cuando corres, tus articulaciones soportan tu peso corporal multiplicado por tres, así que debes asegurarte de llevar la amortiguación adecuada y unas zapatillas que ayuden a tus pies a apoyar bien. ¿Pronas o supinas?

Tienes hiperpronación (también conocida como *sobrepronación* o simplemente *pronación*) si al pisar el pie parece hundirse hacia dentro porque tu tobillo gira ligeramente hacia el interior del pie. Echa un ojo a tus zapatos y verás cómo tienes el talón y la cara interior de la puntera, sobre todo la zona del dedo gordo, más desgastados. Supinar es todo lo contrario: el pie se hunde hacia fuera, es decir, el tobillo esta vez gira hacia el exterior. Por eso, desgastas más los zapatos por la zona exterior del talón. Por último, están las corredoras neutras, *rara avis*, que ni lo uno ni lo otro: no hay ningún tipo de hundimiento (no es muy común). La mayoría de las mujeres tendemos a pronar por cómo están alineadas nuestras caderas respecto a nuestras rodillas. Es importante tener en cuenta cómo es el apoyo, porque necesitarás unas zapatillas que lo corrijan si no es adecuado para evitar lesiones y sobrecargas.

En mi caso, estaba corriendo con una zapatilla neutra cuando necesitaba urgentemente «control de pronación». Así que, después de varias sobrecargas en los soleos y gemelos, me hice un estudio de la pisada y unas plantillas para que corrigiesen esa pronación. Por eso ahora siempre elijo zapatillas neutras porque a este tipo de modelos puedes incorporarles las plantillas que corrigen la pisada, en mi caso mi excesiva pronación. Si corres con plantillas y te toca renovar «alas», pruébatelas con ellas antes, porque hay veces que el ajuste no es perfecto. De todas formas, la mayoría de firmas tienen deportivas con control de pronación para que no tengas que usar plantillas si no quieres. En muchas tiendas, te harán un sencillo test para comprobar cómo pisas y recomendarte las más adecuadas. Además, muchas firmas deportivas tienen sus propios test de pisada (que pueden incluir correr en una cinta mientras graban el movimiento de tus pies) y así es posible averiguar cuál de sus modelos es el más adecuado para ti.

Larga vida a tus zapas

Hace tiempo conseguí (¡por fin!) convencer a mi madre de que las zapatillas de correr no se meten en la lavadora para que queden «limpinas». Para quitarles el polvo, el barro e incluso la sangre (el día que se te clave una estúpida uña lo comprobarás), nada como las toallitas de bebé o desmaquillantes. Obran milagros. Si pueden con el maquillaje *waterproof*, eliminarán hasta el barro más incrustado. Si no, siempre puedes usar una bayeta húmeda (las de microfibra son estupendas). Suelo correr por caminos, así que es habitual que en invierno mis zapas queden bien untaditas en una arcilla pastosa. Cuando el barro se seca, las sacudo y las «abrillanto» con toallitas o un paño húmedo.

Si se han mojado, nunca las pongas debajo del radiador o directamente al sol, mete papel de periódico en el interior, o un trapo, y espera a que se sequen. Recuerda que las zapatillas de correr no son un fondo de armario o «una inversión para toda la vida» como un Chanel 2.55. Aproximadamente, a los 1000 kilómetros hay que decirles adiós, porque habrán perdido toda su capacidad de amortiguación. No está de más apuntar en tu agenda el día que las estrenaste para ir calculando. Además, dependiendo de tu peso y por dónde corras, las zapatillas pueden gastarse mucho más. No es mala idea que de vez en cuando le eches un vistazo a la suela. Si el dibujo está desgastado, está claro que toca plan Renove.

Yo me fío de los expertos, así que, como los atletas Paula Radcliffe y Chema Martínez, siempre corro con dos modelos de distintas marcas y voy alternando. Así mis pies y todos los músculos trabajarán de forma ligeramente distinta dependiendo de la zapatilla que lleve y no se volverán vagos. Pero para empezar, con un par tienes suficiente y, si las cuidas bien, tienes cientos de kilómetros de disfrute por delante.

He visto a muchas mujeres que empiezan a correr con zapatillas que vivieron su momento de gloria allá por los noventa y, más de una vez, me quedo con ganas de decirles algo. Es la primera inversión que debes hacer si quieres que esto de correr te dure. Tómate tu tiempo, busca y compara hasta encontrar la que mejor se adecua a tus características *runners* y a tu presupuesto. Ahora, la variedad (tanto en precio como en modelos) es infinita y las marcas (afortunadamente) ya apuestan por los colorinos. Y si quieres que te duren, desátalas para quitártelas, porque las taloneras, responsables de sujetar el pie, se destrozan si te las quitas atadas.

Un último consejo: Elige siempre los modelos específicos para chicas, porque están pensados y diseñados teniendo en cuenta nuestras características. Como me explican los expertos de Asics, las mujeres tienen un talón más estrecho en relación con la parte delantera de su pie. Por eso, si usan las de chico, el talón resbala, produce inestabilidad y las temidas (y sufridas) rozaduras. Pero, además, los modelos de esta firma en concreto también tienen en cuenta nuestro ciclo de ovulación. ¿Por qué? Como los estrógenos relajan los músculos (afortunadamente para nosotras, porque si no a ver quién paría), nuestro pie va cambiando a lo largo del ciclo menstrual (por ejemplo, la altura del arco del pie se reduce).

Chuleta para comprar zapatillas de correr

1. Pruébalas con los calcetines que corres habitualmente. Ni medias, ni ejecutivos, para que tengas «sensaciones» desde el principio.

2. Como Dios, que aprieta pero no ahoga. Así deberías sentirlas. Ajustadas, pero no que te corten la circulación.

3. Entre el dedo más largo del pie y la punta de la zapatilla debe haber una separación equivalente a la uña de tu dedo pulgar.

4. Pruébate los dos pies porque solemos tener uno más largo que otro.

5. ¿Cuándo ir a la caza y captura de la zapa? Por la tarde, a última hora, porque tus pies estarán ligeramente más hinchados, igual que cuando corres.

6. Las zapatillas ni menguan ni dan de sí, así que es importante llevarte la talla adecuada. Siempre que no se salga el talón, es mejor que queden un poquito holgadas para que los dedos no choquen contra la puntera y evitar así las temidas uñas negras.

7. No siempre llevas el mismo número. Esto se aplica tanto a distintos modelos de una misma marca como a firmas distintas.

Tabla de equivalencias

Como puede que compréis zapatillas por Internet o en el extranjero, aquí os dejo un cuadro muy útil sobre qué número corresponde a cada marca.

	ASICS	BROOKS	MIZUNO	SAUCONY	NIKE	ADIDAS
EUR	USA / CM	USA / CM	USA / CM	USA / CM	USA / CM	EUR / UK / USA / CM
35,5	5 / 22,5	5 / 21,5		5 / 21,5	5,5 / 22,5	
36	5,5 /	5,5 / 22		5,5 / 22	6 / 23	36 / 3,5 / 5 / 22
36,5		6 / 22,5	6,5 / 23			36,7 / 4 / 5,5 / 22,5
37	6 / 23		7 / 23,5	6 / 22,5		37,3 / 4,5 / 6 / 23
37,5	6,5 / 23,5	6,5 / 23		6,5 / 23	6,5 / 23,5	
38	7 / 24	7 / 23,5	7,5 / 24	7 / 23,5	7 / 4	38 / 5 / 6,5 23,5
38,5		7,5 / 24	8 / 24,5	7,5 / 24	7,5 / 24,5	38,7 / 5,5 / 7 / 24
39	7,5 / 24,5	8 / 24,5	8,5 / 25	8 / 24,5	8 / 24,5	39,3 / 6 / 7,5 / 24,5
39,5	8 / 25					
40	8,5 / 25,5	8,5 / 25,5	9 / 25,5	8,5 / 25	8,5 / 25,5	40 / 6,5 / 8 / 25
40,5	9 /	9 / 25,5	9,5 / 26	9 / 25,5	9 / 226	40,7 / 7 / 8,5 / 25,5
41		9,5 / 26	10 / 26,5	9,5 / 26	9,5 / 26,5	41,3 / 7,5 / 9 / 26
41,5	9,5 / 26					
42	10 / 26,5	10 / 26,5	10,5 / 27	10 / 26,5	10 / 27	42 / 8 / 9,5 /26,5
42,5		10,5 / 27	11 / 27,5	10,5 / 27	10,5 / 27,5	42,7 / 8,5 / 10 / 27
43		11 / 27,5	11,5 / 28	11 / 27,5	11 / 28	43,3 / 9 / 10,5 / 27,5
43,5	9,5 / 27,5					43,3 / 9 / 9,5 / 27,5
44		11,5 / 28	12 / 28,5	11,5 /	11,5 / 28,5	44 / 9,5 / 11 / 28

Fuente: Sportzapatillas.com

¿Qué me pongo para correr?

No hace falta que me animen mucho para irme de compras, así que tenía claro que para empezar a correr y estar más motivada tenía que verme bien en mallas y, por supuesto, debían ser negras, porque todas sabemos que adelgaza. Sé que no hay ningún estudio científico que lo pruebe, pero creo firmemente en que, si te ves bien en ropa de deporte, es más probable que te enganches al ejercicio. Estaréis conmigo en que a nadie le gusta verse fea, aunque sea para sudar la camiseta.

Después de invertir en las zapatillas, mi siguiente compra maestra fueron las famosas mallas y, una vez más, me equivoqué con la talla.

Hace cuatro años, os aseguro que la selección deportiva para chicas de muchas firmas cabía en un solo perchero. Mi primera compra fueron unas mallas largas talla M, porque me pareció que la S marcaba mucho. Nuevo error, con las puestas y los lavados dieron de sí y tenía que subirlas tan arriba que parecía Steve Urkle en versión *runner:* mallas casi a la altura del pecho y todo el día tirando de ellas porque se caían. Para completar el *look,* me compré una camiseta y un cortavientos. Aunque todavía era septiembre, pensaba que en octubre empezaría a soplar el viento. Al final, no lo estrené hasta noviembre. Pero, como siempre, mujer precavida vale por dos.

Piratas, *sprinters, rockies, skorts...* ¿Con qué correr?

Antes de las carreras el qué me pongo es el debate: ¿de corto o de largo?, ¿mallas o *shorts*? Parece una tontería, pero las opciones son muchas y no acertar con la ropa te puede amargar la carrera o el entrenamiento. Después de mucho probar yo ya tengo mis favoritos. En invierno, siempre corro con mallas largas, prefiero llevar toda la pierna cubierta y no me ando con medias tintas. Aunque tengo piratas (los que llegan hasta la altura de las rodillas), paso de los *shorts* en verano a «la puesta de largo» en invierno. Para mí no existe el entretiempo *runner.*

Respecto a los pantalones cortos, hay dos tipos: los *rockies* (por Rocky Balboa), que son unos calzoncillos tipo *boxer* de chico, o las mallas cortas en todas sus versiones: desde los ciclistas, que te cubren medio muslo, hasta los *sprinters, shorts* o *hotpants,* que son lo más parecido a un *culotte,* y que me resultan muy cómodos en verano. Ahora, hay firmas que apuestan por las mallas de compresión. Es lo más parecido a una faja *runner,* pero con beneficios que van más allá de llevar prietas las carnes. Con la compresión, se evita la vibración de los músculos, se mejora la oxigenación de los tejidos y se reduce la fatiga muscular.

Pero, sin duda, una de mis prendas favoritas es la minifalda para correr. En inglés se conocen como *skorts,* mezcla de *skirt* (falda) y *shorts* (pantalones cortos). Son supercómodas, incluso para hacer un medio maratón. Por debajo llevas unos *culottes* que van cubiertos por una falda muy elástica. Así las «zonas problemáticas» no quedan a la vista y, además, son muy originales.

El fondo de armario de una corredora

Después de las mallas y zapatillas, tu tercera compra maestra es un buen sujetador. Sí, aunque tengas muy poco pecho. Nunca corras con tu sujetador de diario, porque no ofrece la sujeción necesaria. Nuestros pechos no son biónicos y, con tanto impacto y gracias a la implacable fuerza de la gravedad, sufren en silencio. Piensa que cuando corres tu pecho puede llegar a desplazarse hasta 21 centímetros. Resultado: se descuelga de forma prematura y, aunque tengas poco, sigues necesitando algo de apoyo.

El pecho está formado por glándulas mamarias, tejido graso y conectivo. Los músculos pectorales se encuentran debajo y no aportan ningún tipo de sujeción, solo la que ofrecen los ligamentos que, además, son débiles por naturaleza. Por este motivo, los deportes con impacto, como correr o el aeróbic, pueden dañar el tejido conectivo del pecho, al distenderlo o incluso romperlo, lo que provoca hemorragias internas. Además, si se dañan los ligamentos de Cooper (los encargados de dar soporte a las mamas) es imposible repararlos.

Al ser una estructura pasiva, tampoco tienen capacidad de contracción como los músculos. La solución: un sujetador deportivo adecuado que fije bien el pecho durante el ejercicio y que, además, esté fabricado en un tejido transpirable. Otro truco: para correr elige siempre los denominados de alto impacto.

Hay dos tipos de sujetadores: los que yo llamo *de camiseta* —el clásico top que viene en talla desde XS a L (o de la 36 a la 42…)—, que sujetan el pecho al realizar cierta compresión (como si lo llevases vendado), y los que tienen copas, como los sujetadores clásicos, en los que cada pecho va en un «compartimento» separado. Si tienes mucho pecho, te recomiendo los segundos, porque te aportan más sujeción y los tirantes y el contorno suelen ser ajustables.

Personalmente prefiero los de tipo top, porque cruzan por la espalda ofreciendo así un extra de sujeción. Además, si tienen enganche metálico y tirantes extensibles, mejor; si no, hay veces que termino haciendo contorsionismo para poder quitármelos, sobre todo si estoy muy sudada.

¿Cómo debes sentir el sujetador? Ajustado pero no demasiado apretado, el pecho no debe sobresalir y, respecto a las talla, os diré que, según la firma Women'Secret, el 70 por ciento de las mujeres la elegimos mal.

Así que saca la cinta métrica y vamos a echar cuentas, porque no es lo mismo el contorno que la copa. Hay firmas cuyo tallaje cubre sencillamente de la S a la L, pero otras tienen en cuenta tu contorno y tu copa. Os dejo el sistema de medición de dicha firma porque me parece muy útil. Primero, para averiguar tu copa, coloca la cinta métrica justo por encima de los pezones y mide todo el contorno. A continuación, coloca la cinta justo por debajo del pecho y mide de nuevo el contorno. Consulta el cuadro, haciendo coincidir la primera medida con la segunda. Por ejemplo, yo soy una 90 A y a veces una B (la letra es la copa y el número corresponde al contorno).

		A						
	cm	80	85	90	95	100	105	110
B	65	80B	80C	80D				
	70	85A	85B	85C	85D			
	75		90A	90B	90C	90D		
	80			95A	95B	95C	95D	
	85				100A	100B	100C	100D
	90					105A	110B	110C

Fuente: Women'Secret

Estas medidas son orientativas y a veces no coinciden exactamente, por eso es importante que pruebes el sujetador, que compares varios modelos y elijas aquel que te ofrezca la mejor sujeción, pero sin comprometer tu comodidad. Además, te recomiendo que lo pruebes con la cinta del pulsómetro para ver cómo es el ajuste. Último consejo: cuantas menos costuras tengan, mejor, porque así disminuyes las probabilidades de que te termine rozando.

Lo que todavía no he podido solucionar es el tema de las llagas que me produce la caja del pulsómetro en el centro del pecho. Por alguna razón que desconozco, me roza (hasta provocarme llaga y herida). Y no importa si me aplico o no vaselina, me pasa siempre y con distintos modelos de sujetador. Así que muchas veces corro con tiritas o con un trozo de esparadrapo pegado al pecho, porque literalmente me desuella la piel. No a todas las corredoras les ocurre, pero he escuchado a muchas que se lamentan igual que yo, porque escuece y es incómodo. De hecho, en cuanto termino de correr lo primero que hago es quitarme la banda del pulsómetro porque no aguanto más. Si es tu caso, tras la carrera aplica aceite de rosa mosqueta o argán sobre la zona, porque ayudan a la regeneración de la piel y así no te quedará marca. En verano, si vas a la playa, sé generosa con la protección solar para evitar las temidas manchas.

Desde aquí espero que alguna firma escuche mis plegarias y diseñe un sujetador que permita llevar el pulsómetro sin que roce. Mis pechos les estarán eternamente agradecidos.

El apasionante mundo del calcetín

Los calcetines son algo tan corriente que nos olvidamos de su importancia, y más cuando corremos. Nunca jamás los lleves de algodón. Pese a que soy fan de este tejido, sobre todo si es orgánico, es pésimo para practicar cualquier tipo de deporte. El algodón retiene la humedad, no la suelta, no transpira, y así la piel de tus pies se reblandece y con el roce aparecen las incómodas ampollas. Si además no son tu talla y te quedan grandes, terminarán rozando. Por eso, elige siempre tejidos técnicos como DryFit, licra o Coolmax, porque no retienen la humedad. Y cuantas menos costuras, mejor. Particularmente los prefiero cortos, pero para gustos, nunca mejor dicho, calcetines.

En bragas a lo Bridget Jones o con tanga

En más de una ocasión algunas chicas me han preguntado con qué ropa interior corro, y es normal que les asalten las dudas. En verano, me encantan los pantalones cortos que vienen con braga incorporada, porque ya no hay que preocuparse, pero en invierno, con las bajas temperaturas, la cosa cambia.

Por regla general, a las carreras voy con tanga, y sí, siempre el mismo. No por un tema supersticioso, sino por ser práctica: sé que no me va a rozar porque ya lo tengo muy testado. Para entrenar, la mayoría de las veces las braguitas de tipo biquini, sin muchas costuras, son mis favoritas porque no se marcan, ni se convierten en la «braga-tanga». No hay nada más incómodo que pasarte una hora colocándote las bragas porque no ajustan bien, y si no que le pregunten a Rafa Nadal. De nuevo, evito el algodón cien por cien y suelo optar por materiales como la microfibra.

El chaleco, ese imprescindible

Aunque es menos popular que el clásico cortavientos, para mí es una prenda diez que uso todo el año. En Madrid, la verdad es que solo llevo chaqueta para correr en los meses de invierno más duros (enero y febrero) y solo si salgo al alba. El resto del año, hasta que llega mayo con sus calores, esta prenda es mi compañera inseparable de fatigas. Como en el caso del cortavientos, elige uno que se ajuste bien al cuerpo, con cremallera y cuello que te tape la zona de la garganta y con bolsillos estratégicos para guardar las llaves, el móvil, o tu reproductor MP3. Me gusta porque deja los brazos libres y corro con la sensación de ir más ligera. Yo, como Armani, apuesto por lo *minimal:* menos es más hasta para correr.

Los manguitos

Es otra prenda de fondo de armario *runner* que descubrí hace poco gracias al consejo de mi amiga la atleta Tamara Sanfabio. No sé si esto lo experimento yo sola o les pasa a todas las *runners,* pero me fastidia mucho no acertar con la ropa de correr. Si salgo a entrenar y, de repente, noto que voy demasiado abrigada, me pongo en modo centrifugado y solo puedo pensar en el calor que estoy pasando. Y al contrario, si voy demasiado ligera, en las recuperaciones me da miedo quedarme fría.

Por eso los manguitos son la prenda perfecta para esos momentos en los que no sé qué demonios ponerme. Son como una especie de mangas, perfectas si llevas tirantes o manga corta y no estás muy segura de si va a hacer calor o frío. Si necesitas ir más ligera, puedes bajarlos hasta la altura de las muñecas o simplemente quitártelos y guardarlos en el bolsillo. Además de prácticos, los hay también de compresión que facilitan el retorno venoso y, si además son de colorinos, le dan un punto muy *cool* a tu estilismo *runner.*

Consejos útiles para triunfar con tu *shopping runner*

1. Mejor prieta que holgada. Seguro que más de una os habéis comprado la camiseta más grande o el cortavientos talla L para que os tapase el culo o la tripa. Pues mal hecho; para correr es mejor llevar la ropa ajustada (esto no quiere decir ir embutida). Piensa que las prendas están diseñadas para correr y sudar, así que, con el constante movimiento y la humedad, si la ropa te queda grande, terminará rozándote, te pesará más e incluso podrá llegar a agobiarte. Olvídate de tapar el culo, concéntrate en lo importante: correr mejor y más rápido, y no en que alguien va a estar fijándose en el ir y venir de tus nalgas o tu tripa.

2. Las camisetas. Siempre de tejidos técnicos y nunca de algodón, porque este retiene la humedad (hasta el 8 por ciento de su peso en agua) y hace que pesen más y rocen. Además, cuando pares de correr te quedarás fría porque, al tratarse de un material que no dispersa el sudor, estarás empapada. Es mejor apostar por los materiales técnicos, como el poliéster, porque es bastante más ligero, se seca rapidísimo y jamás se arruga. Por otro lado, permite vestirse a capas sin sentirse como el muñeco de Michelin. Personalmente, prefiero las camisetas clásicas, con mangas y cuello a la caja (así no me da el sol en el escote), a los tops que vienen con el sujetador incorporado, porque para mi gusto no ofrecen tanta sujeción como un sujetador de alto impacto.

3. Ante todo, comodidad. Si en el probador ya notas que la prenda te roza, te aprieta o que hay una costura o una cre-

mallera que se clavan, cuando te pongas a correr, con el sudor y el calor, será mucho peor. Aunque te arrebate el color o el diseño, si te resulta incómodo, no te lo vas a poner. Piensa cuántas veces has usado esos zapatos de supertacón tan ideales, a la par que incómodos, que tienes en el armario.

Mima tu ropa deportiva

1. No utilices suavizante, porque sus siliconas recubren con una película las fibras técnicas, que terminan perdiendo sus propiedades, como la de poder evaporar o repeler la humedad y el sudor.

2. Si utilizas la secadora, hazlo siempre a baja temperatura y no te pases de minutos, porque si no, al ponerte la prenda, vas a ser incapaz de controlar la electricidad estática de tu pelo. Para que algunas prendas técnicas no cojan pelusas mete una pelota de tenis en el tambor de la secadora.

3. La ropa de correr no se plancha, así que una cosa menos. ¿Te imaginas llevar las mallas de correr con raya?

4. Lava la ropa de correr por separado y mejor con agua fría para proteger los tejidos.

5. Las etiquetas están para algo. Léelas antes de pegarles el tijeretazo porque ofrecen información útil sobre cómo cuidar tus prendas.

6. Existen detergentes, específicos, como Micolor Fresh Gel, para prendas sintéticas (viscosa, elastán, microfibras, poliamida, poliéster...) que funcionan muy bien, porque llegado cierto tiempo hay que reconocer que, sobre todo las camisetas, terminan cogiendo solera.

Cambio de temporada. Luchando contra los elementos

Correr en verano y en invierno puede llegar a ser un reto. Pero que haga frío no significa que tengas más posibilidades de ponerte mala por salir a correr. Sí lo harás si tu ropa no transpira bien o estiras empapada en sudor. Cuando baja la temperatura, llega menos calor a la superficie de la piel, porque el cuerpo tiende a mantenerlo en su interior, por eso sudas menos. Tener las manos y los pies fríos es signo de que tu cuerpo está intentando mantener el calor en su interior. Es importante que recuerdes que una vez que empieces a correr es poco probable que la parte del *core* (la zona del tronco, etc.) tenga frío.

La cabeza y las manos son las zonas por las que perdemos calor de forma más rápida, así que protégelas con guantes, gorros y cintas. Como tengo mucho pelo, los gorros suelen agobiarme bastante y las gorras me quitan visibilidad, así que siempre corro con las cintas de pelo anchas de Buzz. Me permiten retirar todo el flequillo de la cara, cubrir las orejas y buena parte de la cabeza. Son muy útiles.

Aunque ahí fuera parezca Siberia, no salgas a correr con un forro polar (o con las medias térmicas debajo de las mallas, como hice yo en una ocasión); en cuanto calientes te empezará a sobrar ropa y, además, sudarás en exceso. Consecuencia: te deshidratarás con rapidez. Tampoco es recomendable correr con las prendas atadas a la cintura, no solo pierdes movilidad, además, pesan. Lo mejor es vestirse «a lo cebolla», es decir, con varias capas que, además de repeler el frío, la lluvia y el viento, crean cámaras de aire entre ellas y así te aíslan mejor del frío del exterior. Una vez más, elige tejidos técnicos y evita las prendas de algodón. En invierno, suelo correr con un chaleco, una camiseta térmica y unas mallas largas. Cubro la cabeza y las manos y ya estoy lista para «apatrullar» la ciudad a golpe de zapatilla.

En verano la cosa cambia. Reconozco que son los meses en los que más me cuesta correr. Una vez más, es importante proteger la cabeza, pero esta vez del calor. Como os decía, las gorras me agobian un poco, pero en cambio las viseras me resultan más prácticas, son ligeras y cubren el rostro (así no me da el sol y estoy a salvo de la aparición de las dichosas manchas).

Respecto a las gafas, yo las uso todo el año, aunque no haga sol. Es muy típico que mientras corres frunzas el ceño o fuerces un poco la vista por culpa de la claridad. Así sobrecargas las cervicales, el cuello y hombros, e incluso te puede llegar a doler la cabeza. Además, esas pequeñas contracciones musculares son las causantes de las arrugas del delicado contorno de los ojos. Si quieres evitar el Botox, apuesta por unas buenas gafas que ayudarán a que relajes el gesto mientras corres. Aunque más adelante te ofrezco un manual de belleza para mujeres que corren, no olvides aplicar siempre protección solar tanto en el puente de la nariz como en la parte alta de los pómulos. Los cristales de las gafas hacen efecto espejo: la luz se refleja en esas zonas más prominentes y es más fácil que aparezcan los lentigos solares (manchas).

Gadgets y aplicaciones. La importancia de monitorizar tu carrera

Para medir tus progresos es muy útil contar con un diario *runner.* No hace falta que al llegar de correr apuntes kilómetros, ritmos o sensaciones en un diario porque hay multitud de aplicaciones móviles que te dan una información muy detallada sobre tu carrera y así es más fácil comprobar tus progresos.

Yo siempre voy con un reloj que incluye GPS y un monitor de frecuencia cardiaca (mi modelo es el Garmin 210), pero muchos de mis amigos corren con *apps*, las más conocidas son Runtastic, Runkeeper o Nike+.

No me gusta salir con el móvil, porque me pesa y en el brazo me molesta, prefiero llevar un reloj (sencillo, sin mucho botón ni parafernalias) que me dé la información precisa que necesito (kilómetros recorridos, ritmo de carrera, ritmo cardiaco, etc.). Además, la mayor parte de estos dispositivos permiten descargarte los datos en el ordenador y así puedes monitorizar tus progresos, con informes puntuales, semanales, mensuales, etc. Me gusta especialmente comprobar cómo he mejorado en una misma carrera de un año a otro, porque así veo que los entrenamientos han dado sus frutos.

Hay muchas corredoras (sobre todo las que se inician) que subestiman la importancia de un monitor de frecuencia cardiaca o pulsómetro. Y yo la primera. Empecé a correr sin prestar atención a los latidos de mi corazón. Así que me hinché a hacer kilómetros a una intensidad que no era la adecuada. Resultado: pese a entrenar con cierta constancia, no era capaz de mejorar mis marcas en las carreras y eso me frustraba. Hay muchas chicas que me preguntan cómo pueden hacer para correr más rápido o aguantar más tiempo; además de darle un *twist* a su rutina de entrenamiento, como veremos más adelante, es necesario saber qué opina nuestro corazón del esfuerzo al que lo estamos sometiendo.

3

Running para novatas

Una vez que ya tienes lo más esencial, como las zapatillas, llega la prueba de fuego: echar a correr. Primer consejo: sin prisa pero sin pausa. Los comienzos son duros y es fácil que te desanimes si tu objetivo ese primer día es correr una distancia o hacerlo durante un tiempo determinado. ¿Te recuerdo cómo fue mi estreno?

Es importante que empieces de forma progresiva: debes ir muy suave para poder ir incrementando los minutos poco a poco. Al principio, es recomendable alternar unos minutos corriendo con otros minutos caminando, los famosos «cacos». ¿A qué ritmo? Intenta mantener una conversación. Si eres capaz de hablar, esa es la intensidad adecuada. Si te falta el aire, vas demasiado fuerte. Así hasta tener un nivel básico que te permita correr al menos 20 minutos seguidos. Para empezar, con dos días a la semana es más que suficiente.

Como recomienda Javier Serrano en su libro *Manual del buen corredor,* lo ideal es «empezar caminando 5 minutos a ritmo vivo, para que el cuerpo caliente, y después marcamos cuatro tramos de 2 minutos cada uno: trotamos 2 minutos, caminamos 2 minutos, trotamos de nuevo 2 minutos y finalmente andamos los 2 últimos».

Aquí os dejo una semana tipo diseñada por el preparador físico Luis Javier González, de Easy Running, para iniciarse con el *running*.

Lunes: 10' caminata + 3 veces (3' carrera + 2' caminata) + flexibilidad.
Martes: Descanso.
Miércoles: En el gimnasio, 25' de elíptica + tonificación tren superior y tren inferior + flexibilidad.
Jueves y viernes: Descanso.
Sábado: 6' caminata + 6' carrera + 4' caminata + 4' carrera + 2' caminata + 2' carrera + 1' caminata + 1' carrera + flexibilidad.
Domingo: Descanso.

Este es un plan inicial y todo dependerá de cuál sea tu base física. Además, hay que tener en cuenta cuántos días tienes para correr. En lo que coinciden todos los profesionales es en que no debes tener prisa (todo lo contrario de lo que hice yo), porque es mejor ir despacio para que el organismo se adapte adecuadamente y así evitar las sobrecargas que tarde o temprano te pasarán factura. La segunda regla de oro es ser constante con los entrenamientos y no entrenar de forma esporádica. Sé disciplinada. Puedes y lo harás.

Pero si parezco un caballo desbocado

Seguro que el primer día que salgas a correr tendrás la sensación de que, literalmente, vas a echar el corazón por la boca. Perdón por el ejemplo escatológico, pero es muy gráfico.

Como explica el preparador Ángel Merchán de Home Wellness Madrid, «*a priori* no hay que preocuparse por una frecuencia cardiaca alta. No obstante, todo el mundo debería hacerse un reconocimiento médico previo, o al menos pasar un test de estratificación de riesgo cardiovascular».

¿Qué hacer en estos casos? Bajar el ritmo, alternar carrera y andar, y realizar intervalos que permitan coger un nivel mínimo de resistencia.

Una de las claves para que logres pasar de los 5 a los 10 kilómetros es entrenar a un ritmo de carrera adecuado. Por eso, el pulsómetro es tan importante. Recuerda que es tu corazón quien marca si el ritmo que llevas es o no el más adecuado para ti. Si te pasas, si vas «revolucionada», tu organismo no se va a adaptar adecuadamente y no vas a poder mejorar. La buena noticia es que el corazón es un músculo que puedes ir entrenando con el tiempo, y si lo haces con cabeza, podrás correr a frecuencias cardiacas más bajas durante más tiempo. Como explica la doctora Eva Ferrer Vidal-Barraquer en su libro *Cambia de vida, ponte a correr,* «cuanto más corras, no tanto en tiempo sino en asiduidad, mejor será la adaptación de tu corazón al ejercicio».

A medida que vayas progresando, a igual ritmo, tendrás una menor frecuencia cardiaca y así, poco a poco, podrás ir más deprisa.

¿Qué es eso de la frecuencia cardiaca máxima?

Lo primero que debes hacer es calcular cuál es tu frecuencia cardiaca en reposo. ¿Cómo? Muy fácil. Por la mañana, sin levantarte de la cama, coloca las yemas de los dedos índice y corazón en el cuello, justo por debajo de la mandíbula, hasta que notes el latido del corazón. Puedes contar el número de pulsaciones durante 1 minuto o durante 10 segundos (en este caso multiplica por seis para tener los latidos por minuto).

Cuanto más entrenada estés, más baja será tu frecuencia cardiaca en reposo, porque el ejercicio habrá enseñado a tu corazón a bombear más sangre para que llegue más oxígeno a tus músculos con cada latido. En términos generales, tener 70 pulsaciones en reposo es bueno, por debajo de 60 muy bueno, y por debajo de 50 de matrícula de honor.

A continuación, calcula tu frecuencia cardiaca máxima, que es el mayor número teórico de latidos por minuto que puedes tener.

Hay una regla genérica para calcularlo que es restar a 226 tu edad (220 en el caso de los hombres), pero no es fiable porque no tiene en cuenta el nivel de condición física de cada persona.

Como recomienda el preparador físico Ángel Merchán, «el mejor método es una prueba de esfuerzo con analizados de gases, porque te dará los datos de frecuencia cardiaca máxima, umbrales aeróbico y anaeróbico, VO_2 max (la cantidad máxima de oxígeno que tus músculos son capaces de usar por minuto), velocidad de carrera a la que alcanzas cada porcentaje, etc.».

Si no puedes hacerte la prueba, hay otra fórmula más precisa que sí tiene en cuenta tu condición física, se llama test de Karvonen. Saca la calculadora que vamos a hacer cuentas.

Por ejemplo: chica de veinte años con 60 pulsaciones en reposo para entrenar al 85 por ciento de su frecuencia cardiaca máxima.

> 226 - edad - frecuencia cardiaca en reposo x % intensidad de trabajo + frecuencia cardiaca en reposo.
>
> (226-20-60) = 146 x 0,85 = 124,1 + 60 = 184,1 pulsaciones.

Así tendrás una referencia válida para saber a qué porcentaje de pulso puedes entrenar y cuáles deberían ser tus pulsaciones de recuperación. Este último punto es muy importante, porque si recuperas bien al minuto es que has entrenado de forma adecuada. De lo contrario, habrás ido demasiado fuerte y no asimilarás el entrenamiento y no progresarás.

Lo normal es recuperar más de 30 pulsaciones en 1 minuto, a no ser que tu pulso máximo sea menor de 170, en cuyo caso con 25 sería suficiente.

Como recomienda la doctora Ferrer en su libro, «en general, si no hay contraindicación médica, la recomendación de la frecuencia cardiaca para el entrenamiento que busca conseguir un buen fondo físico debería situarse entre el 60 y el 80 por ciento de la frecuencia máxima recomendada».

Recuerda que las mejoras cardiovasculares y la pérdida de grasa se producen entrenando entre un 60 y un 85 por ciento de tu frecuencia cardiaca máxima.

Aquí te dejo un cuadro para que sepas a qué frecuencia deberías trabajar teniendo en cuenta tu objetivo.

%FC máx.	INTENSIDAD	OBJETIVO	BENEFICIO	DURACIÓN	Fuente energética predominante
90-100%	Máxima	Potencia láctica	Mejora del metabolismo anaeróbico	Menos de 5'	Hidratos de carbono y PC
80-90%	Elevada	Potencia aeróbica – capacidad láctica	Mejora del umbral anaeróbico	De 5' a 10'	Hidratos de carbono
70-80%	Moderada	Potencia aeróbica	Mejora de la resistencia aeróbica	10-40'	Hidratos de carbono

60-70%	Suave	Capacidad aeróbica	Mejora metabolismo de grasas	40' a horas (maratón)	Grasas
50-60%	Muy suave	Regenerativo	Recuperación posentreno	Horas	Grasas

Cuadro de intensidades de entrenamiento por % de frecuencia cardiaca máxima.
Elaborado por Ángel Merchán.
Fuentes: consultar García, Juan Manuel, Manuel Navarro y Jose Antonio Ruiz; Willmore, Jack H., y David L. Costill en la bibliografía

La historia de Clara, alias *Yonocorrovuelo*

Clara Montoya es mi «socia corredora», mi *partner in crime,* mi amiga y mi compañera *runner.* Éramos amigas antes de correr, pero esta afición, si cabe, nos ha unido más. El «tú sí que me entiendes» es un clásico en nuestras conversaciones. Aunque no entrenamos juntas, siempre intentamos participar en las mismas carreras. Subidas a las alas, hemos hecho juntas cientos de kilómetros, algunos riendo, otros charlando y otros muchos sufriendo. Cuando me despisto en carrera siempre me reconforta escuchar su «estoy aquí». Es el empujón que necesito para llegar a meta. Ahora, ella no corre, vuela, pero sus inicios fueron como los tuyos. Aquí tienes su historia.

> Tengo treinta y siete años, estoy casada y soy madre de mellizos. Trabajo en una revista de moda a tiempo completo, soy bloguera (yonocorrovuelo.blogspot.com), apasionada corredora y malabarista del tiempo: ¡dame 1 minuto que te lo convierto en 10!
>
> Para mí todo empezó un 1 de enero de 2010. Sí, señor, alimentando el topicazo de estrenar objetivos relacionados con llevar una vida más sana (el otro hubiera sido aprender un idioma, pero el inglés ya lo tenía). Correr se convirtió para mí en lo que el mundo anglosajón

denomina *New Year´s Resolutions*, un propósito de enmienda. Tengo recuerdos de ese mismo día. Amaneció soleado, salí a correr y, cuando iba cerca de la Plaza de Toros de Las Ventas, un señor me dijo: «A ver si terminas el año igual». Ese señor no me conocía, claro está. Por cierto, me encantaría estrechar su mano y contarle cómo va todo.

Los comienzos fueron dolorosos, muy dolorosos. Corría como pollo sin cabeza: nada de calentar, nada de estirar, y siempre a tope, por no hablar de la equipación que llevaba. Daría para un programa de esos de madrugada.

Encontré ayuda en Cristina. Ella ya estaba en un club de atletismo y me hablaba de términos desconocidos para mí hasta entonces: *fartlek*, cuestas, series... Entre lo que ella me contó y lo que leí en Internet fui conformando lo que a mí me parecía un plan perfecto para conseguir mi primer objetivo: correr junto a ella los 10 kilómetros dentro del Mapoma (maratón de Madrid). Como no tenía experiencia en absoluto, en mi ignorancia me apunté al maratón en vez de a los 10 kilómetros. Imaginaos el nivel. Gracias a Dios, resolví el malentendido antes de la carrera.

Hacer esa prueba sembró en mí el veneno que, ahora, corre por mis venas. Pocas veces había tenido esa sensación y, hoy por hoy, aún me pongo igual de nerviosa en la línea de salida, porque me juego mucho: disfrutar de un deporte que ha cambiado mi vida.

Después de esa carrera vino todo lo demás: mejorar tiempos, abrir mi blog, encontrar un entrenador profesional y subirme a algún podio que otro.

En todo este recorrido mi familia ha sido fundamental. Mis hijos que alucinan con su madre corredora; mi marido que se encarga de todo cuando tengo carrera los domingos y que ahora me acompaña cuando puede en mis tiradas largas; mi madre que tras cada carrera, cuando le digo el puesto que he conseguido en mi categoría, me dice: «de tu categoría solo hay una». Todos ellos, junto con mis amigas y compañeras de trabajo, me animan a conseguir mis metas, todos lo viven conmigo.

Cristina me ha acompañado a lo largo de esta etapa, nos animamos, comentamos nuestras metas y comparamos estilismos. Una revista hizo que nos conociéramos, pero el *running* nos ha unido mucho más y, ahora, mezclamos nuestras pasiones con zapatillas, comentamos las portadas de las revistas, el último lanzamiento de belleza de turno y nuestras sesiones de fisioterapia. Tenemos carrete para largo. Ella es más resistente, yo soy más descerebrada; ella conserva la calma en la salida y yo siempre estoy nerviosa; ella es más reflexiva y yo no puedo evitar ser competitiva; ella disfruta de sus marcas y yo siempre me quedo con la espinita de hacerlo mejor; ella está satisfecha de compaginar el *running* con el trabajo y lograrlo; yo, sin embargo, quiero más (exactamente no sé el qué, pero más).

No me extraña que tengas un libro suyo entre tus manos, yo nunca dudé de que llegaría bien lejos.

¿Corres con o sin música?

Esa es la primera pregunta que suele hacerte alguien que se acaba de estrenar con el *running*. Hasta hace un año, siempre había corrido sin música, porque salía acompañada. Sin embargo, ahora soy lobo solitario, así que me llevo un iPod Shuffle para ir entretenida. Lo prefiero al móvil, porque no ocupa nada y es más ligero. Además, siempre lo llevo programado en modo aleatorio para no saber qué va a sonar al minuto siguiente.

Cuando corro, jamás voy «con los cascos puestos». No me gusta, te evade demasiado, y creo que te pierdes muchos detalles de la carrera. Además, me gusta ir oyendo el sonido ambiente, menos ese tintineo constante de aquellos que han decidido correr con siete monedas de euro en los bolsillos. Entiendo la necesidad que tiene mucha gente de correr con música, sobre todo al principio para motivarse, pero debéis tener varias consideraciones en mente.

1. Lleva el volumen bajo. Es muy fácil evadirse y no estar pendiente de coches, peatones, bicicletas, etc.

2. Es peligroso. Sé que al principio es difícil correr sin ella, pero te irás acostumbrando. He visto a más de uno tropezarse, e incluso caerse en una carrera, porque sus cascos le impidieron oír a un *runner* que se acercaba por detrás y le pedía paso. Si aun así eres incapaz, lleva el volumen muy bajo.

3. Si acabas de empezar a correr, con la música es más fácil que vayas a trompicones y cambies constantemente tu ritmo para acompasar el de la canción. Terminarás agotada. Tu objetivo es poder mantener un ritmo constante. Hay aplicaciones que te permiten crear tu *playlist* teniendo en cuenta las revoluciones por minuto de la canción y el ritmo al que quieres ir. Echa un ojo.

My playlist. Cristina DJ

My playlist es bastante ecléctica y hay un poco de todo, desde clasicazos hasta música electrónica. Dale al *play* y disfrútalas. En mi cuenta de Spotify (Cristina Mitre) las tenéis todas.

Series en serio

Tokyo Vampires & Wolves, The Wombats
Disparate, Youth Santigold
Set Fire To The Rain, Adele
Do Ya, Dover
That Kind Of Feeling, Belöp
Runaway Baby, Bruno Mars
Want U Back, Cher Lloyd
En blanco y negro, Barricada
I Can Only Imagine, featuring Chris Brown & Lil Wayne
Turn Me On, (featuring Nicki Minaj) David Guetta
Safe And Sound, Capital Cities
Shake It Out, Florence & The Machine
Wake Me Up (Radio Edit), Avicii
Locked Out Of Heaven, Bruno Mars
Princess of China, Coldplay & Rihanna
River Deep Mountain High, Tina Turner
Baby I don't Care, Transvision Vamp
Blurred Lines, Blurred Lines

Starting up. *Motivación y energía*

Girls Just Wanna Have Fun, Miley Cyrus
Cryin', Aerosmith
Hands, The Ting Tings
Smells Like Teen Spirit, Nirvana
Californication, Red Hot Chili Peppers
One, U2
Free Fallin', Tom Petty

Thunder Road (Live), Bruce Springsteen & The E Street Band
Glory Days, Bruce Springsteen & The E Street Band
Shiny Happy People, R.E.M
The Passenger, Iggy Pop
Should I Stay or Should I Go, The Clash
Song 2, Blur
Bohemian Like You, The Dandy Warhols
Hey Boy Hey Girl, The Chemical Brothers
Block Rockin' Beats (2003 Digital Remaster), The Chemical Brothers
Personal Jesus (2006 Digital Remaster), Depeche Mode
Just Can't Get Enough (2006 Digital Remaster), Depeche Mode
Hungry Like The Wolf, Duran Duran
Mistify, INXS
Dancing In The Dark, Bruce Springsteen
Don't Stop Me Now, Queen
Basket Case, Green Day
You Are Gonna Go Far, Kid (Explict Album Version), The Offspring
Only Wanna Be With You, Hootie & The Blowfish
Say What You, Texas
Don't Get Me Wrong, Pretenders
Brass In Pocket, Pretenders
Fall At Your Feet, Crowded House
Fairground (2008 Greatest Hits Version), Simply Red
Every Little Thing She Does Is Magic, The Police
Dancing with myself (2001 Digital Remaster), Billy Idol
Rockin' All Over The World, Status Quo
Poison, Alice Cooper
This Is The Life, Amy MacDonald
Mercy, Duffy
Chasing Cars, Snow Patrol

Round Round, Sugababes
Last Of The Mohicans, The New World Orchestra
Not Ready To Make Nice, Dixie Chicks
Pumped Up Kicks, Foster The People
Need You Now, Lady Antebellum
Just Give Me a Reason, P!nk ft Nate Ruess
Hey There Delilah, Plain White T's

Y si ninguna de estas opciones te motiva, encomiéndate a santa Madonna, que a mí siempre me funciona.

Estiramientos

Me voy a morir de tanto amor (Lucía y el Sexo), Alberto Iglesias
Tajabone, Ismael Lo
Bullet Cut, Rick Smith
Latika´s Theme, A.R Rahman & Suzanne
Teardrop, Massive Attack
Prelude no 1c Major, c Dur Präladium j. S. Bach

Rodar y rodar

Follow The Sun, Xavier Rudd
Trek, Spencer & Antfood
Chupee, Cocoon
Spirit Bird, Xavier Rudd
Latch Disclosure, Sam Smith
Carla, Life In Film
Please Don't Say You Love Me, Gabrielle Aplin
High & Dry, Jorge Drexler

Blood, The Middle East
Sweetheart, What Have You Done To Us, Keaton Henson
Light, Sleeping At Last
Landfill, Daughter
Smother, Daughter
Sloom, Of Monsters And Men
On The Sea, Beach House
Another Love, Tom Odell
Instant Crush, Daft Punk
Bloodbuzz Ohio, The National
This Sweet Love, James Yuill
The Eye Of The Tiger, Oliver Bernet
Eye In The Sky, Noa
New Soul, Yael Naim
U Know Who I Am, David Fonseca
Romeo & Juliet (Live From Abbey Road), The Killers
Free, Donavon Frankenreiter
It Don't Mater, Donavon Frankenreiter
Upside Down, Jack Johnson
Japanese Squeeze, Sashamon
Não Me Deixe Só, Vanessa Da Mata
Know-How, Kings Of Convenience
Here It Comes, Welcome 2 Da Party
Next To Me, Emeli Sandé
Cough Syrup, Young The Giant
First Day Of Mi Life, Bright Eyes
The Look, Metronomy
Video Games, Lana Del Rey
Young Blood, Birdy

Manual de belleza para mujeres que corren

Si hay un producto de belleza en el que todas las mujeres debemos invertir (independientemente de que corramos o no) es, sin duda, en una buena protección solar. A lo largo de estos años, he entrevistado a muchos dermatólogos y todos están de acuerdo: la mejor crema antiedad es una crema con protección solar.

Vale, lo reconozco, soy humana y hace muchos años fui una adolescente inconsciente que usaba crema de zanahoria (incluso en la cara) y tomaba (de vez en cuando) rayos UVA. Lo sé, un horror. Creo que antes de los veinte ya había consumido todo mi capital solar. Sin embargo, desde hace tiempo intento redimir mis pecados con una buena estrategia solar: SPF a diario y buenas dosis de antioxidantes tópicos. En mi casa me conocen por ser el azote de la protección solar. Muchas veces en la playa tengo que ponerme freno porque iría de toalla en toalla confiscando cremas y aceites de SPF6.

La crema solar es un producto para usar los 365 días del año. Sí, aunque el cielo esté nublado y no se vea a Lorenzo por ningún lado. A pesar de las nubes, la radiación ultravioleta tiene la capacidad de atravesarlas y hacer diana en el corazón de tu piel. El resultado: manchas, arrugas, flacidez (porque la radiación rompe las fibras de colágeno y elastina que sustentan la dermis) y también el cáncer de piel.

Solo un dato para remover conciencias: entre el 50 y el 90 por ciento de los casos de cáncer de piel se deben a una excesiva exposición a la radiación UV y, sin embargo, solo el 14,81 por ciento de los españoles usa crema solar durante todo el año.

Creo que el problema de fondo es que alrededor del sol sigue existiendo mucho desconocimiento y, además, en nuestro país la cultura del moreno sigue estando muy arraigada. Mis amigas saben que lo peor que me pueden decir es: «¡Ay, qué guapa, qué morena estás!». Me dan los siete males.

Hay quien piensa que los filtros siguen siendo una pasta pegajosa y blanquecina y que con ellos nunca lograrán broncearse. Para empezar, el «moreno» no es más que nuestra melanina en pie de guerra haciendo de escudo protector, así que es casi imposible que las pieles más blancas (como los fototipos I y II) se bronceen por mucho que lo intenten. Solo conseguirán dejarse la piel y la salud en el intento. El mítico «ahora estoy roja, pero mañana estaré morena» no es verdad. Lo que tendrás es una piel dañada por el sol.

En los últimos diez años, como periodista de belleza, he podido comprobar el enorme esfuerzo que las firmas de cosmética han hecho por desarrollar fórmulas que ofrezcan una buena protección de amplio espectro (UVA y UVB) con fórmulas cosméticas que parezcan casi como una segunda piel; por conseguir una crema tan ligera que no notes que la llevas puesta. Y —antes de que preguntes— no, con las nuevas fórmulas no te vas a quedar blanca y tampoco te van a dar grasa, porque las hay específicas para cutis grasos y sensibles.

Sé que, como la limpieza, la protección solar es uno de esos hábitos que nos da mucha pereza, así que aquí van un par de consejos rápidos para que el día que salgas a correr pases la prueba con nota:

1. La protección solar funciona como un medicamento, así que aplícala, como mínimo, 20 minutos antes de la exposición solar para que haga efecto.

2. A cada parte del cuerpo su fórmula. En los brazos y las pier-

nas son superútiles los formatos en aerosol, fáciles de pulverizar, incluso bocabajo, con los que cubres mucha superficie de una sola pasada. En el rostro, elige fórmulas «resistentes al agua y al sudor» para que no te piquen los ojos cuando rompas a sudar. Recuerda que entre un factor 30 y uno 50 apenas existen diferencias en cuanto a protección. Lo importante es aplicar la crema siempre cada 2 horas.

3. Sé generosa. En verano, extiéndela por todo el cuerpo y en la cantidad suficiente para que cubra de manera uniforme. Más o menos, el tamaño de una nuez grande da para cara, cuello y escote; para el cuerpo necesitarás unas seis. No te olvides de las orejas y la nuca y, si vas con camiseta de tirantes, insiste en los hombros. Por cierto, si quieres saber la edad real de una persona, mírale las manos, porque no solemos cubrirlas con protección solar y así envejecen mucho más rápido que otras partes del cuerpo que sí han estado protegidas del sol. Moraleja: échales bien de crema.

4. Invierte en unas buenas gafas de sol. Como ya os dije anteriormente, las gafas son de gran ayuda para proteger el delicado contorno de los ojos. Pero esto no es excusa para no echarse protección solar, sobre todo en el puente de la nariz y en la parte alta de los pómulos, porque la luz se refleja en los cristales y da de lleno en esas zonas. Es mejor que apuestes por unas específicas de correr, porque son más ligeras y se puede ajustar la zona del puente de la nariz para que no resbalen. Además, sus patillas suelen ser muy finas y adaptables para que agarren bien y no molesten si llevas gorra o visera.

Moreno *patchwork*

En cuanto llega el mes de abril yo empiezo con el *striptease runner:* digo adiós a las mallas largas y me enfundo los *shorts* con mucho gusto. Pero entonces surge un problema. Al mes, mis piernas y brazos son bicolores. Pese a usar protección solar, hay zonas que no ven un rayo de sol, como mis tobillos, empeines, hombros y escote, así que luzco lo que yo llamo moreno *patchwork* o a parches. Si también te pasa, apúntate al bronceado sin sol.

Nunca jamás te des unos «rayitos» en una cabina de rayos UVA, porque deberías saber que la OMS (Organización Mundial de la Salud) ha equiparado el riesgo de tomar rayos UVA con el consumo de un cancerígeno como el tabaco. Así que, para igualar el tono y no ir con un moreno «café con leche», me gusta utilizar fórmulas sin sol graduales, porque es más fácil controlar la intensidad del bronceado. Además, tienen menos cantidad de DHA (la molécula que tiñe las células de la piel de ese característico naranja), así que el resultado es más natural y progresivo. Eso sí, antes de usar cualquier producto autobronceador exfóliate como si no hubiese mañana, insistiendo en las zonas más rugosas, como tobillos, rodillas o codos.

Belleza polar

Cuando termino de correr, ya sea pleno mes de agosto o mediados de febrero, en la ducha uso agua fría y me doy un baño de contraste casero.

Lo ideal sería meterse en la bañera con el agua helada y con hielos, como si fuese una poza, pero no tengo tiempo para darme un baño helado (y tampoco ganas, la verdad). Para sustituirlo, con la alcachofa de la ducha, y siguiendo el consejo de mi fisioterapeuta Sergio Gómez, alterno agua fría con caliente. Empiezo con agua fría desde los tobillos, en dirección al corazón, hasta llegar a la cintura, y lo mismo por detrás, desde los talones hasta los glúteos, insistiendo en aquellas zonas que sufren sobrecargas, como cuádriceps e isquiotibiales (la cara B de los muslos).

Empezar con agua fría y terminar con caliente ayuda a la descarga muscular y a activar la circulación, porque se produce una vasoconstricción (estrechamiento de los vasos sanguíneos). Al contrario, si empiezas y terminas con agua caliente, estimulas la relajación muscular. Suelo empezar con 3 minutos de agua fría, seguidos de 1 minuto de agua caliente, para terminar con otros 3 de frío. Tendrías que hacerlo al revés si tu objetivo es relajar.

Si al día siguiente del entrenamiento o la carrera sigo notando las piernas cargadas, repito la operación con agua helada.

Otro producto en el que confío son los aceites y las cremas ricas en árnica y, aunque no haya un estudio científico concluyente sobre el poder antiinflamatorio de esta planta, yo tengo comprobado que me ayuda a relajar mis maltrechas piernas. ¿Efecto placebo? No lo tengo tan claro, lo que sí es un hecho es que el árnica montana se ha utilizado desde el siglo XIX como remedio homeopático para tratar golpes, inflamaciones, etc.

Tras la ducha, cuando noto las piernas hinchadas, me doy un masaje vigorizante (empezando en los tobillos y hasta las caderas) con algún tratamiento que incorpore árnica para evitar la sobrecarga de los músculos. Hay veces que incluso la aplico antes de salir a correr para estimular la circulación. Normalmente, prefiero las fórmulas en aceite porque son más fáciles de masajear que las cremas y, además, no contienen aceites minerales (en la etiqueta vendrá como mineral oil), derivados del petróleo que crean una capa sobre la piel que, aunque retiene la humedad, impide que otros activos penetren.

Como os he contado ya varias veces en mi blog *The beauty mail*, los aceites son una gran apuesta cosmética. Son potentes agentes hidratantes porque tienen una naturaleza similar a los lípidos que «sellan» las células más superficiales de la piel (los queratinocitos), evitando de forma muy eficaz la deshidratación.

Eso sí, lee bien la etiqueta del tratamiento y comprueba la concentración de árnica. Recuerda que, en los productos cosméticos, los ingredientes se detallan de mayor a menor cantidad.

Que correr no te arrugue

Las mujeres que corren pasan muchas horas al aire libre, con su piel expuesta a multitud de agresiones externas, desde la polución a la radiación solar, etc. Así que, para evitar el envejecimiento prematuro de la piel, es necesario no solo que uséis protección solar, sino que os hagáis *best friends* de los antioxidantes. Activos como la vitamina C, E o la A (retinol) son estupendos. Los encontraréis de forma concentrada sobre todo en los sérum que debéis aplicar siempre debajo de la crema hidratante.

Prefiero reservarlos para la noche, que es cuando la piel se repara y regenera. Antes de irme a la cama, suelo apostar por dos tipos de aceites: argán y, sobre todo, rosa mosqueta, que incluso pueden usar las pieles más grasas (hasta las que sufren acné) porque es rico en ácidos grasos omega-3 de gran poder antiinflamatorio. Solo se necesitan un par de gotas para cubrir cara, cuello y escote.

Como os decía, los aceites tienen una gran compatibilidad con nuestra piel, por eso son muy buenos vehículos, ya que logran que las moléculas con propiedades beneficiosas para la piel (los llamados principios activos) lleguen hasta la dermis, que es donde realmente hay que actuar para retrasar los efectos del envejecimiento.

Una vez más, te recuerdo que de nada vale apostar por un supertratamiento si antes no has hecho los deberes. Como dice mi madre, hay que ir siempre «limpina y fresquina», así que, antes de aplicar cualquier producto, límpiate la piel para eliminar no solo el maquillaje, sino también la suciedad y los restos de células muertas; si no, es imposible que el cosmético penetre. Y ya para nota: exfóliate una vez por semana, por ejemplo, con un *peeling* físico (para el rostro elige uno de partículas finas), porque estimularás la regeneración natural de la piel y, al librarla de impurezas, brillará más.

Maquillada hasta para correr

La gran pregunta: ¿puedo maquillarme para correr? Es mejor ir con la piel limpia para que se oxigene, pero, si no puedes verte sin maquillaje, cuidado con la fórmula elegida, porque el sudor y el calor estropearán hasta los maquillajes más elaborados.

La verdad es que me da una pereza terrible maquillarme (incluso a diario), por lo que en las carreras ni me lo planteo (solo pico con algo de máscara de pestañas), pero entiendo a aquellas mujeres que no pueden verse sin su raya o su pestaña curvada, porque alguna vez sí he ido a una carrera con el pelo recién planchado. Seguro que hay quien piensa que soy una absurda y que qué importará si el objetivo es hacer deporte y sudar, pero a mí no me gusta verme con el pelo fosco y electrizado y la coleta hecha una maraña de pelos. Por eso, si maquillaros os hace sentir poderosas, adelante. Aunque, si me lo permitís, os voy a dar un par de consejos.

Para los ojos elige siempre mascaras, lápices, *eyeliners* y sombras *waterproof* o de larga duración. La línea Longwear de Bobbi Brown es estupenda. Maquilla solo el párpado móvil y no apliques ni lápiz ni máscara en las pestañas inferiores porque, en cuanto empieces a sudar, el color migrará a la ojera, y creo que no te va a apetecer correr como si fueses la prima de Uncle Fester de la Familia Adams. Otra muy buena elección para las pestañas es optar por un tinte semipermanente.

Si vas a usar maquillaje, polvos de sol o colorete, aplica un *primer* sobre la piel. Es un producto a base de siliconas que no solo mejora la textura del cutis, sino que además ayuda a que el maquillaje se fije durante más tiempo.

Mejor que una base de maquillaje líquida, te recomiendo optar por una fórmula más ligera, como una BB *Cream* o una hidratante con color. Para los labios, evita las barras de acabado mate o demasiado fuertes, es mejor que optes por un tono suave (rosa, melocotón, coral) para que tengan un toque jugoso, fresco. Si además tiene SPF, mejor.

Cuando tengo una carrera que para mí es importante porque me he marcado un determinado objetivo, me preparo para el gran día como si fuese a una boda. Además de ir perfectamente depilada (¡nunca se sabe!), suelo arreglarme el flequillo para que no me moleste al correr y, sobre todo, invierto en una buena pedicura. Más de una vez se me ha clavado un piquito de una uña en algún dedo y he llegado a empapar de sangre hasta la zapatilla. Lo mejor es que te recortes bien las uñas cuatro días antes de la carrera.

Y hablando de pies, parece que solo reparamos en ellos cuando llega el verano y hay que enfundarlos en las sandalias. Nuestros pies y sus diez dedos son vitales para correr, así que hay que trabajar su elasticidad y movilidad. Además de hacer ejercicios de técnica de carrera o saltar a la comba, todas las noches me doy un masaje con crema hidratante para mejorar su flexibilidad y aprovecho para mimar mis talones. No sé si alguna vez se te han agrietado, pero, además de doloroso, puede ser un foco de infecciones. Si notas tus pies especialmente deshidratados, exfóliate bien en la ducha, úntalos con una crema rica en manteca de karité o jojoba y duerme con calcetines de algodón. También puedes vendarlos en papel de film transparente, pero procura hacerlo en un momento íntimo y personal para no tener que dar explicaciones.

Mujer precavida vale por dos. Seguridad y otras consideraciones

No sé si es que soy muy cauta o en el fondo una miedosa, pero como corro sola toda preocupación es poca.

Antes de salir a correr cuenta a tu pareja o a una amiga por dónde vas a ir y cuánto tiempo vas a estar fuera para que estén pendientes. Yo suelo cambiar bastante de ruta y nunca me adentro por territorio desconocido si no voy acompañada.

Si alguna vez, por el motivo que sea, no te sientes segura o ves algo sospechoso, da la vuelta. Si pasa algún *runner* o ciclista pídele que te acompañe. Que no te dé vergüenza, porque lo entenderán perfectamente.

El año pasado me fui a correr por un parque natural, un terreno completamente desconocido para mí. Estaba haciendo series y vi cómo un individuo no paraba de pasar y mirar. Realmente no sabía si era a mí a quien miraba o si estaba buscando setas, pero me dio miedo (pánico) porque me vi sola en un terreno que desconocía. Tuve la suerte de localizar a una pareja aparcando su coche, me acerqué y les expliqué la situación. Fueron tremendamente amables y me acompañaron caminando hasta mi hotel. Ese día no corrí porque aquel pirado me estropeó el entrenamiento, pero conseguí una nueva fan para Mujeres que Corren. No hay mal que por bien no venga.

Si corres de noche, lleva algún tipo de prenda o brazalete reflectante. Adidas tiene una luz de seguridad muy útil y Saucony un chaleco que incorpora una luz de tipo led. Te aseguro que no pasarás desapercibida.

A mí me encantan las redes sociales y comparto muchas de mis experiencias *runners* a través de mis múltiples perfiles, pero nunca cuento en qué momento voy a salir a correr y tampoco me geolocalizo mientras corro. En la actualidad es muy difícil controlar quién ve qué. Llamadlo paranoia, pero a mí me hace sentir más segura, así que siento deciros que muchas veces tuiteo en diferido.

4

Preparada, lista, ¡ya!

En materia deportiva siempre lo he hecho todo tarde y siempre con un pero. Empecé a esquiar de mayor, pero me mareo y tengo que doparme para soportar el vaivén de los remontes; más adelante, me entró la vena aventurera y me saqué la licencia para bucear, pero a día de hoy me sigue dando un miedo horrible, con ataque de pánico y llanto incluido, cada vez que veo un regulador. Por supuesto, también era la cliente chollo de los gimnasios: pagaba religiosamente todos los meses, pero no me veían el pelo.

Otro desencuentro en el ámbito de la actividad física lo tuve con el golf. Quise darle una oportunidad y, en pleno *boom* (cuando Tiger Woods todavía no había roto un plato), me apunté a un cursillo. Recuerdo que para conseguir plaza tuve que hacer cola desde las 6.00 de la mañana a las puertas del club —es lo que tiene ser de la generación del *baby boom*, que todo lo hacemos en plan manada y siempre terminamos a la cola—. Al principio me gustaba mucho y, presa de la emoción, me hice con el estilismo completo: polo, bermuda, calcetines y zapatos. Ni idea de darle a la bola, pero, para meterse en el papel, había que ponerse el *total look*, aunque no pisase el campo y mi juego se limitase a pegar hachazos en el aire intentando levantar la bola del tapiz. Incluso, en un acto de amor, fui capaz de ver parte del Masters de Augusta. Pese a todo, a los pocos meses, con el cursillo hecho y el *handicap* en la mano, si te he visto no me acuerdo. Hoy, mis palos de golf acumulan polvo en el garaje a la espera de que algún día les dé una nueva oportunidad.

Con el *running* tenía que conseguirlo, o al menos intentarlo. Todo el mundo me decía que lo lograría, así que tuve más fe en sus palabras que en mí misma y seguí corriendo. Ahora, correr es para mí como ese noviazgo que, cuando supera la barrera de los tres años, ya tienes claro que es el amor de tu vida. Aun así, es posible que, como en cualquier *love story*, empieces con mucha energía y a los pocos meses tus ganas se precipiten cuesta abajo y sin frenos, por eso la motivación es la chispa que te ayudará a empezar y el hábito lo que te mantendrá.

Busca tu motivación

Aunque en mi caso la razón para empezar a correr fue la pura necesidad de perder peso, hay quien corre para liberar estrés, por prescripción médica o porque quiere dejar de ser sedentaria. Existen mil razones para hacerlo. Aquí te dejo la de Loli, conmovedora e inspiradora a partes iguales.

> Hola, me llamo Loli y me declaro fiel apasionada de esta fiebre *runner* que nos invade y seguidora al cien por cien del movimien-

to Mujeres que Corren. Si me lo cuentan hace seis años, hubiera dicho que no estaban hablando de mí. Con esto que llaman la crisis de los cuarenta, cuando el cuerpo parece no obedecer a tus órdenes y, sin embargo, la gente mayor aún te ve joven «a su lado», decidí que había llegado el momento de poner más atención en mí.

Atrás quedaban los años de partos, postpartos y lactancias, en que yo no era la protagonista de mis cuidados, lógicamente. Y así, coincidiendo con el tremendo golpe de saber que mi tercer hijo sufría autismo severo, decidí que correr era la otra alternativa a encerrarme en mi pena, medicarme y no saber encajar las cosas que venían del revés.

Así empecé. Poco a poco, con pequeños tramos, literalmente ahogada, como no podía ser de otra manera. Pero descubrí los beneficios que reporta este ejercicio: te sientes viva, llena de salud, la autoestima mejora y te ves capaz de enfrentarte a los retos más duros.

Mientras corres no puedes estar triste, ni preocupada, ni pensando en los problemas. Está prohibido, porque es tu «hora», tu *happy hour.*

Solo recuerdo haber corrido una vez llorando. Iba sola y escuchaba *Somewhere Over The Rainbow*. Resultó bastante incómodo, así que dije: «nunca más».

Lo cierto es que ahora prefiero correr acompañada; cuantos más, mejor. No sé si es casualidad, pero se trata de una gente maravillosa. Claro, no debe serlo tanto: compartimos una afición, un punto común en nuestro carácter, somos una especie diferente. Estoy convencida. Ellos me han dado la oportunidad de conocer lugares en los alrededores de mi hermosa ciudad que de otra forma no hubiera pisado jamás, y compartimos entrenamientos e ilusiones. Hace unos meses, me estrené con mi primer medio maratón y ha sido una gran experiencia.

Hoy, superada la fase *de duelo*, que llaman, y encantada de «lucir autismo» allá por donde vaya con mi pequeño, no pido más que poder seguir corriendo, hacer que otros también lo experimenten o que, al menos, lo prueben (doy fe de que en alguna ocasión lo he conseguido y con mucho éxito). Y, en especial, quiero animar a las mamás que sufren a que salgan del hoyo «corriendo». Mi hijo Odón tiene discapacidad intelectual, no tiene mecanismos de expresión, apenas maneja el lenguaje y, sin embargo, sabe que mamá corre y le gusta que lo haga, porque la ve más feliz, más fuerte y más relajada. Su movilidad es reducida, pero, quién sabe, quizá algún día nos veamos corriendo juntos, como juntos ya corremos nuestra particular carrera en la vida.

Afianza el hábito

Los comienzos con el *running* no son un camino de rosas. Cuando empecé, pasé por días en los que me ponía mil excusas para no salir a correr. A la pereza se sumaba el frío, también la falta de motivación, las mil tareas pendientes… Lo sé, en ocasiones es difícil encontrar una razón de peso para entrenar. Muchas veces me he ido a la cama con este pensamiento: «Mañana corre Rita». Sin embargo, a las 8.00 del día siguiente hay un resorte en mi interior que me hace levantarme y, en modo autómata, ponerme mi ropa de correr y salir a quemar zapatilla. Dicen que el hábito hace al monje, y te aseguro que llegará un punto en que ni lo pensarás, simplemente correrás. Hasta que lo logres, te dejo algunos *tips* que a mí me han funcionado cuando no encontraba las ganas de correr.

— No pienses en las pocas ganas que tienes de correr sino en lo bien que te vas a sentir cuando acabes. Si te entran dudas, visualízate tras el entrenamiento. Recuerda lo bien que te sienta correr o la increíble sensación que produce el decir: «Misión cumplida. Lo he hecho».
— Los domingos es el día para organizar la semana. Mira tu agenda y planifica qué días vas a salir a entrenar para que formen parte de la rutina y haz que correr sea una prioridad. Por una vez en tu vida sé egoísta y piensa en ti. Recuerda que se necesitan al menos tres meses para que el ejercicio se convierta en un hábito, así que programarlo es de gran ayuda para conseguir adquirir una rutina.
— Si corres al salir del trabajo, llévate la ropa a la oficina y vístete allí para que cuando llegues a casa no tengas ninguna excusa para no correr. Total, si ya estás lista, ¿cómo no vas a hacerlo?
— Si corres por la mañana, deja todo preparado la noche anterior, desde las zapatillas hasta el pulsómetro, para que no pierdas tiempo y no le des muchas vueltas.
— Piensa en por qué corres y en cuál fue tu motivación para empezar.
— Como último recurso: recuerda lo afortunada que eres de poder correr. Disfruta de tu cuerpo.

Haz panda

Tal como hice yo, al principio, lo mejor es convencer a alguien: la amiga, la prima o la vecina, una víctima que se comprometa contigo, con la que firmes una especie de pacto para ayudaros mutuamente en la consecución de un objetivo.

Creo que pruebas como la Carrera de la Mujer funcionan tan bien porque tienen ese componente social. Para nosotras es importante hacerlo todo acompañadas, y si no, ¿por qué tenemos esa manía de ir siempre juntas hasta al baño?

En los meses de primavera y comienzos de verano, muchas chicas se animan a darle una oportunidad al *running*, pero, en cuanto cambia la hora, empieza a anochecer antes y baja la temperatura del termómetro, es más difícil encontrar las ganas (te entiendo). Si este es tu caso, la solución está en entrenar en grupo. Puedes montar el tuyo propio con compañeras de la oficina, vecinas y amigas. Además, muchos polideportivos municipales cuentan con grupos de corredores y el precio es muy económico. Estoy segura de que si no hubiese sido por mis compañeras del Club de Atletismo Paracuellos, y en especial por mi querida Eva, hoy no estaría aquí escribiendo este libro. Confié en sus palabras: podrás hacerlo. Y *voilá,* en breve me enfrento al maratón. ¿Quién lo hubiese pensado?

También hay clubes de atletismo para *runners* populares, y en las tiendas de deporte especializadas y en los gimnasios se organizan grupos de entrenamiento. Formar parte de este tipo de colectivos tiene muchas ventajas, porque los entrenamientos son más específicos. Se hacen series en pista, intervalos, sesiones de fuerza, estiramientos, etc. Además, muchos tienen descuentos en material deportivo, se organizan para ir juntos a las carreras y el intercambio de información es constante. ¡Siempre hay alguien dispuesto a darte un consejo!

No hay que ser una atleta profesional para formar parte de un club. La inmensa mayoría busca la promoción del deporte y admiten todos los niveles, desde las que empiezan caminando hasta las que son capaces de enfrentarse a un maratón. Créeme, te sentirás muy a gusto corriendo con otras chicas y, además, es una forma estupenda de ampliar tu círculo de amistades y conocer de verdad la zona en la que vives.

Al comienzo, correr en grupo a mí me ayudó muchísimo. Tener la sensación de pertenecer a un colectivo me motivaba. Además, contar con el consejo de otros corredores expertos me ayudó a resolver dudas; muchos de ellos eran el espejo en el que mirarme porque la mayoría había empezado como yo (sí, incluso los que parecían más profesionales).

Las carreras son también una muy buena oportunidad para entrar en contacto con otros grupos de corredores. Vence tu timidez y pregúntales si puedes unirte a ellos. Yo lo he hecho. Recuerdo que hace un par de años, en la Gambia Race en la Casa de Campo (Madrid), Clara conoció a un grupo de *runners*, Las Gacelas de Madrid (www.gacelasdemadrid.es). Le pidieron que se pusiese detrás del objetivo y les hiciese una foto, y enseguida conectaron. Aquel día Clara volvió a casa convertida en gacela. Cuando me lo contó, yo también quise unirme a la manada. «Si tu gacelas, yo también», le dije. Así que ella se convirtió en la Gacela de Park Avenue y yo en la de Gijón.

Ellos suelen quedar a entrenar para acompañarse en las tiradas largas. Nosotras lo tenemos un poco más complicado, pero lo que nunca falla es nuestra mítica quedada para hacernos una foto el día que hay prueba. Da igual dónde sea la carrera, siempre se busca una papelera para inmortalizarnos junto a ella. Además, este rebaño es muy solidario y todos sus miembros hacen alguna aportación económica que luego se dona a distintas fundaciones y otras organizaciones no gubernamentales. Quizá no nos veamos a menudo, pero siempre hay una gacela lista para acompañarte en un rodaje largo o hacerte de liebre en una carrera y que así cumplas tu objetivo de rascarle unos segundos al crono.

También hay grupos que, además de entrenar en equipo, apuestan por las iniciativas solidarias alrededor del *running*. Son el más claro ejemplo del #runforfun (correr por diversión), como mis amigos los Drinking Runners (www.drinkingrunners.com) y su exitoso proyecto #kmsXalimentos. Mientras se preparan para correr un maratón (este año les tocaba el de Sevilla), van recogiendo alimentos en quedadas que organizan *ad hoc* y también en distintas carreras de la Comunidad de Madrid. En su anterior proyecto, Mapoma 2013 (maratón de Madrid), lograron reunir más de 7000 kilos que luego donaron al Banco de alimentos. Hacen salidas en grupo para preparar la prueba y todo el mundo es bienvenido a entrenar con ellos.

El mundo *runner* está lleno de gente muy sana, maravillosa y solidaria, con ganas de compartir experiencias. No seas tímida y únete a la banda.

Sírvete del instinto animal

Por Paracuellos cada vez me encuentro con más *runners* que, como yo, aprovechan sus tiradas para salir a correr con sus mascotas. Así matamos dos pájaros de un tiro: sacamos a nuestro *best friend* y, además, la tirada es más amena porque vamos acompañados. Pero ¿es bueno que los perros corran?

«Es muy bueno que hagan actividades físicas con sus dueños, porque así se evita el sobrepeso, un problema que sufren muchos de ellos. Además, liberan energía y así no destrozan la casa. Todos los perros, independientemente de su tamaño, deben hacer algún tipo de actividad física, pero siempre con sentido común y sabiendo el tipo de perro que tenemos», explica la veterinaria Cintia Costas.

Sentido común, una buena «garcillada», que diría mi madre, fue lo que me faltó a mí hace dos años cuando cometí el grave error de someter a mi pobre labradora a más kilómetros de los que sus cuatro patas podían aguantar. Pixie, alias *la perra santa,* me siguió sin rechistar durante 18 kilómetros de tirada. Resultado: al llegar a casa la perra estaba coja, y fue tal el remordimiento que, en un ataque de estupidez supina, le di medio ibuprofeno. ¡Nunca, nunca mediques a tu perro! Y menos con un antiinflamatorio como el ibuprofeno, porque el animal no es capaz de metabolizarlo y puede tener un fallo renal y morir.

No sé si fue el empanamiento propio de un domingo por la tarde o mi inconsciente conciencia, pero le di la maldita pastilla y luego miré en Internet. Y ¿por qué no lo hice al revés? Hoy por hoy todavía no me lo explico. En fin, si metes en Google *ibuprofeno* y *perro* se te ponen los pelos como escarpias, porque la conclusión es que tu mascota se va a morir. Actué rápido (menos mal) y llevé a la perra a un veterinario de urgencia, quien logró que la pobre vomitase, previo chute por la boca de tres jeringuillas de agua oxigenada. Pixie es tan buena que hasta movía el rabo pensando que le iban a dar una chuche.

En Internet hay un montón de páginas dedicadas al *canicross* (como canicross.es), una disciplina deportiva que consiste en correr atado a tu perro. En todas ellas te informan sobre carreras, clubes, material y otros eventos. Para tener una idea clara de cómo correr con tu mascota, la veterinaria Cintia Costas nos da estas pautas:

1. No es muy recomendable sacar a tu cachorro a correr, porque sus articulaciones están en crecimiento y puede llegar a lesionarse. Además, las razas grandes o gigantes (como golden, labrador, dogo, etc.) tienen un crecimiento óseo muy rápido, por lo que no deben correr kilómetros de una tacada. Pueden salir a correr con otros perros al parque, jugar, etc., pero no es bueno salir a entrenar con ellos hasta que cumplan un año o año y medio, cuando se ha completado todo su desarrollo musculoesquelético. Entonces, ya pueden realizar un ejercicio más intenso.

2. Los perros con predisposición racial a tener displasia de cadera (pastor alemán, labrador, golden…) no deben correr tanto tiempo ni tan intensamente durante su periodo de crecimiento, ya que se puede agravar la inestabilidad articular de su cadera. A partir del año de edad, cuando ya pasan a ser adultos, pueden empezar a correr más intensamente, siempre con un periodo de entrenamiento progresivo.

3. No olvides que nuestros queridos perros son fieles a su amo. Te seguirá allá donde vayas independientemente de si está agotado, con calambres, etc. Tú debes dosificarle las carreras y los kilómetros.

4. A pesar de verlos muy atléticos y resistentes, los perros tienen un metabolismo más elevado que el nuestro, por lo que su consumo energético es también mayor.

5. Nuestras mascotas no sudan y evaporan el calor corporal

mediante el jadeo. A veces respirar y jadear al mismo tiempo es misión imposible, y más ¡si tu dueño sigue corriendo!

6. No hay un kilometraje asignado a cada raza o perro en particular. La clave: utilizar un poco el sentido común y ver cómo va respondiendo.

7. En el periodo de recuperación es importante que el perro no beba mucha cantidad de agua de golpe. Debido al jadeo, «tragan» aire y, junto a un gran volumen de líquido en su estómago, pueden desarrollar una dilatación con o sin torsión estomacal (las razas grandes o gigantes están más predispuestas). El resultado: en pocas horas pueden entrar en *shock* hipovolémico y morir.

8. No le des de comer hasta que se haya tranquilizado del todo y sus frecuencias cardiorrespiratorias se hayan normalizado. Espera una media hora o una hora hasta que se recupere.

9. Los perros con mucha actividad física o muy deportistas (los que compiten en pruebas de *agility*, cazadores, etc.) pueden desarrollar una insuficiencia renal aguda (IRA) por acúmulo de mioglobina. Debido al ejercicio intenso, se metaboliza una proteína muscular que, al ser filtrada por el riñón, puede provocar lesiones. En estos casos se debe hospitalizar al animal para tratarle y evitar que la lesión renal se vuelva crónica.

10. Si corres por asfalto en verano, recuerda que tu perro no lleva zapatillas y se puede quemar. En invierno, el hielo y la nieve les pueden sensibilizar las almohadillas. Lo más fre-

cuente es que se agrieten por ejercicio y roce intenso. Para tratar estas lesiones existen pomadas y lociones tópicas que endurecen e hidratan las almohadillas haciéndolas más resistentes, como ADO-Quatro. Se trata de una parafina líquida que se extiende con un pincel sobre toda la superficie plantar. Hay otras marcas, como Dermoscent, a base de aceites naturales, que también funcionan muy bien.

11. Cuidado en verano con los golpes de calor. En el caso de los perros se agrava un poco más por cómo respiran, jadean y evaporan el calor.

Confía en los expertos

Buscarse un entrenador personal también es una muy buena opción para no perder las ganas de correr o ir un poco más allá, pero hay quien piensa que es muy caro o que hay que tomarse muy en serio esto del *running* para contar con su ayuda. Nada más lejos de la realidad. En muchos casos es bastante más barato que las cuotas de los gimnasios, porque puedes optar por un servicio más económico, como la planificación mensual de entrenamiento. Es algo así como un entrenador virtual. Sales a correr por tu cuenta, pero bajo las directrices del entrenador, que te envía el plan por correo electrónico.

En mi caso, llegó un punto en que era inviable estar en el polideportivo a las 7.00 de la tarde todos los martes y jueves, así que me busqué un preparador físico para que me diseñase mi propio plan. Chus Fernández (www.entrenos.net) es triatleta y, aunque él está en Gijón y yo en Madrid, me ayuda (y mucho) a correr con cabeza. Tenemos fijadas cuatro sesiones a la semana: martes, jueves, sábados y domingos. Todos los domingos, a última hora de la tarde, me manda un *mail* con un PDF en el que viene detallado todo el entrenamiento de la semana: las series, los pulsos, los ritmos, los tiempos, las recuperaciones... Al principio, aquello era como un jeroglífico y siempre terminaba «customizando» el entrenamiento a mi manera, pero ahora ya estoy superacostumbrada a ese nuevo lenguaje a base de minutos y números, que a simple vista parecen no tener ningún sentido.

Corro con un reloj con GPS y cuando llego a casa me descargo todos los datos en el ordenador y el mismo programa elabora un informe que le mando por correo electrónico. De esta forma, él puede ver cómo he corrido al segundo y con todo lujo de detalles. Al día siguiente, me da la enhorabuena o me mete en cintura por haberme pasado de ritmo. Con los datos que le envío (frecuencia cardiaca, ritmo, intervalos, etc.) él puede saber si las cargas de trabajo son o no las adecuadas para así ajustarlas. Además, muchas veces le adelanto que voy a estar de viaje y entonces me ofrece alternativas para hacer, por ejemplo, cambios de ritmo en la elíptica.

Chus me ha ayudado muchísimo. Ahora, no solo corro más rápido, sino que me lesiono mucho menos y estoy más motivada, porque voy notando cómo poco a poco voy progresando. Por otra parte, contar con una programación me ayuda a planificar y organizar la semana, porque ya sé cuántos kilómetros me tocan cada día y, normalmente, las sesiones más largas están fijadas para el fin de semana. Si estoy fuera de Madrid, no importa, no pierdo la sesión porque llevo la planificación conmigo y sé qué tengo que hacer. Además, si surge alguna duda o si no soy capaz de sacar el entrenamiento, él siempre está disponible a golpe de clic.

Si quieres tener tu propio plan, no dudes en consultar a expertos como Easyrunning.es, coentrena.com, yeswerun-albagarcia.es y también hermanassanfabio.wordpress.com.

Piensa en competir

Desde el primer día que empecé a correr tenía claro que debía apuntarme a una carrera. Competir era lo único que me motivaría a correr en esos días en los que no entrenas tu cuerpo, sino más bien tu fuerza de voluntad. Sin embargo, he escuchado decir más de una vez: «No quiero ir a una carrera porque no soy competitiva». Personalmente creo que es un concepto equivocado. El reto está en ti y no en el otro. Quizá se deba a que el sentido de la competitividad en una mujer sea muy distinto al de un hombre, porque por naturaleza solemos ser más cautas. A diferencia de ellos, es poco probable que una chica que no ha corrido ni cinco kilómetros se plantee hacer un maratón (aunque las hay y conozco a alguna). Después de correr cinco kilómetros, muchas mujeres desearían poder correr ocho antes de plantearse un diez mil para ver que pueden hacerlo.

Yo lo tengo claro: no corro «contra», sino «con». El ejemplo más claro lo encuentro en las carreras en las que participo junto a mi amiga Clara; competimos juntas, no enfrentadas. Esto no quiere decir que baje el pistón para acoplarme a su ritmo si veo que soy capaz de ir más fuerte. Cuando estoy bajo el arco de salida con Clara siempre nos decimos lo mismo: «No me esperes, haz tu carrera». Y así es. Ha habido pruebas en las que no he sido capaz ni de olerle la coleta y otras en las que he sido yo quien marcaba el ritmo. Y, aunque ella pase por meta antes (que ocurre la mayoría de las veces), aunque me gane, con la mano en el corazón puedo decir que nunca me he sentido mal. Estoy feliz porque cada una ha logrado su objetivo y porque, si mi amiga no fuese delante de mí o a mi lado, hubiese resultado difícil encontrar la motivación para seguir corriendo. Ella me empuja a llegar más lejos. Correr con una amiga es como un regalo, porque sé que gracias a ella voy a dar lo mejor de mí. Es una oportunidad para esforzarme. Si no fuese detrás, es probable que no tuviese la suficiente fuerza para seguir tirando. Sin duda, correr te enseña mucho sobre ti misma, pero sobre todo a ir más allá de tus propias limitaciones.

Recuerdo que el año pasado, en la Carrera de Paracuellos de Jarama (Madrid), había muy pocas chicas. Clara iba en tercera posición y yo en cuarta (si nosotras íbamos a la cabeza, os podéis imaginar que los estrógenos escaseaban aquel día). El caso es que Clara me sacaba como unos 20 segundos, la tenía delante de mí, a pocos metros, pero no podía llegar a su altura (cuando corres hay veces que los segundos parecen horas y los metros kilómetros), y el público (muchos de ellos amigos) no paraba de decirme: «Venga, que ya la tienes, que la alcanzas». De corazón, les agradecía los ánimos, pero llegó un punto en el que, con el poco aliento que me quedaba, solo podía decirles: «No os preocupéis, somos amigas».

No mires con recelo las carreras porque proponerse un reto es la única forma de ir mejorando y, sobre todo, de no abandonar. Si no supiese que en un par de meses me voy a enfrentar a una distancia, difícilmente sacaría ganas para salir a correr, porque siempre hay algo mucho más tentador. Además, pueden proporcionarte experiencias de lo más gratificantes.

Cuando empecé a correr jamás hubiese imaginado que me atrevería a apuntarme a un medio maratón justo a la vuelta de las vacaciones, en plena *reentré*, pero lo he hecho y, sin duda alguna, ha sido una de las mejores experiencias de mi corta vida como *runner*.

En un viaje de prensa a Estocolmo, la gente de Nike me habló de un medio maratón en Londres, Run To The Beat (corre al ritmo), 21 kilómetros amenizados por varios Dj's. Aquello me parecía el planazo, una carrera con la mejor música por las calles londinenses. Ya había hecho un medio maratón en París y otro en San Francisco, así que me parecía una buena oportunidad poder descubrir cómo era el ambiente *runner* en Inglaterra. Además, la prueba salía del parque de Greenwich, de donde también arranca el maratón de Londres, así que podía hacerme una buena composición previa a mi próximo reto. Nos regalaban los dorsales, así que tardé dos minutos en idear un plan. Llamé a Clara por FaceTime y le dije: «No me puedes decir que no. Nos vamos juntas a Londres. Te invito al vuelo». Y dicho y hecho, Clara organizó la logística en su casa y se sumó al plan.

Encuentro muy complicado entrenar en verano; el calor me mata y madrugar en vacaciones para salir a correr muchas veces no es lo más apetecible, sobre todo si has trasnochado. Pero el reto estaba encima de la mesa: el 9 de septiembre teníamos una meta a 21 kilómetros con 95 metros. Clara en Fuengirola y yo en Gijón logramos cuadrar rodajes y series para llegar a septiembre en la mejor forma posible. Nuestro objetivo era el clásico «vamos a disfrutar y a terminarla», y vaya que si lo logramos.

Lo mejor de todo era el fin de semana para *running girls* con escapada de *shopping* incluida. Escogimos un hotel no muy lejos de la salida del medio maratón («no muy lejos» para la capital británica es a 40 minutos con varios transbordos de metro y tren) que, además, tenía su propia cocina, así que podíamos hacernos los copos de avena para desayunar. Tengo un estómago bastante delicado y poder prepararme mi desayuno antes de correr es fundamental para no terminar la prueba buscando un baño en plan SOS.

El sábado el plan era hacer un poco de entrenamiento cruzado, unas series, unas cuestas por el Soho, Oxford Street y Covent Garden, comprando chaquetas y jerséis en Uniqlo y *whey protein* (proteína de suero de leche) en Whole Foods. Nuestra *shopping bag* es así de ecléctica. Después de doce horas deambulando por el centro volvimos al hotel y nos echamos unas buenas risas intentando cuadrar nuestras respectivas maletas. Si nos paraban en el control de seguridad, el guardia no iba a dar crédito. Parecía que íbamos de contrabando: semillas de chia, cereales de espelta crujiente, avena ecológica, sellos y papeles comprados en los almacenes Liberty & Co, alguna que otra camiseta y mucha bisutería absurda que a saber cuándo nos íbamos a poner, pero que allí nos parecía de lo más *cool.*

A la mañana siguiente, a las 7.00 en pie. Comenzaba el ritual previo a la carrera. Clara, que es la reina de Spotify, tenía una lista hecha para motivarnos a tope. Como somos previsoras, el día anterior habíamos calculado el tiempo que nos llevaría llegar hasta la salida de la carrera. Así que nos arreglamos sin prisa.

Hacía un día espectacular, sol radiante y ligeramente fresco. Se podía correr de corto sin problema. Salimos del tren y nos dirigimos al parque. La primera sorpresa nada más llegar: vimos el cartel de la última milla en una señora cuesta que se prolongaba durante casi dos kilómetros. En la parte final de la carrera íbamos a sufrir un poco. Tras recoger los dorsales, rápidamente hicimos el pis del miedo y a calentar. Con nuestros dorsales nos podíamos colocar en el primer cajón de la prueba, todo un lujo. La sorpresa fue mayúscula cuando un miembro de la organización se acercó a nosotras y nos preguntó si nos importaba colocarnos justo debajo del arco de salida para que hubiese más chicas. «Of course, not» (por supuesto que no), contestamos al unísono. Así que, sin saber muy bien cómo, dos españolas sujetaban la cinta de salida de un medio maratón en Londres.

En ese momento no podía dejar de pensar que en esta vida todo es posible. Quién hubiera pensado cuatro años antes que un día iría a la cabeza de un medio maratón, aunque fuese tan solo durante unos metros. Cuando dieron el pistoletazo de salida echamos a correr como alma que lleva el diablo, llevábamos 19 000 corredores a nuestras espaldas y de frente teníamos varias cámaras apuntándonos. Creo que hice los 300 metros más rápidos de mi vida, y al pasar las cámaras le dije a Clara: «O bajamos el ritmo o morimos en los 21 kilómetros que aún nos quedan por delante».

Estoy segura de que ese 9 de septiembre hicimos la carrera de nuestras vidas. No tanto por la marca, sino por las sensaciones tan increíbles que experimentamos. Fuimos a un ritmo muy cómodo, disfrutando del paisaje, escuchando los comentarios de otros *runners*, saludando a los espectadores como si fuésemos de la realeza, chocando palmas con los niños que nos animaban durante el camino. Los últimos dos kilómetros fueron los más sufridos, pero ya lo sabíamos y estábamos preparadas. Además, Clara tenía la receta para no desfallecer: «bracea a tope y sube las rodillas». Pasamos por meta en 1 hora y 44 minutos, agarradas de la mano y con los brazos en alto.

No hay foto de nuestra llegada, pero tampoco la necesito porque difícilmente olvidaré el abrazo que nos dimos y la sensación de plenitud que experimenté al pasar por meta. Solo por momentos como este, todos esos días de dudas y el esfuerzo habrán merecido la pena. Durante esos 21 kilómetros en lo único que podía pensar era en las sorpresas y las alegrías que me ha dado este deporte. Sé que subida a las alas todo es posible.

Only girls. Las carreras solo para chicas

Aunque hay quien las tacha de sectarias, a mí me parecen muy divertidas y especiales por el ambiente que se genera. Y, además, casi siempre son solidarias. En España, todavía hay pocas y la más popular es la Carrera de la Mujer, pero en Estados Unidos y en buena parte de Europa suelen ser muy habituales. He tenido la suerte de correr varias pruebas en Estados Unidos, y algunas han sido delirantes, como la Divas Half Marathon and 5K Series (http://www.runlikeadiva.com/), en Vail (Colorado, Estados Unidos).

No fui a Vail expresamente para correr esa carrera (todavía no llego a tanto), pero tuve la fortuna de que la prueba coincidiese con mi estancia en este *resort,* meca de los amantes del esquí y los deportes de invierno. Fui en verano, cuando la estación se reconvierte para acoger a todos los amantes del deporte al aire libre. Todos los remontes estaban en funcionamiento para que pudieses bajar en bici de montaña por las pistas o hacer excursiones. Me enteré de que había un grupo de corredores en un gimnasio local y, por supuesto, me apunté. Me levantaba a las 6.00 de la mañana, cogía mi bicicleta y me iba a la montaña a correr con un grupo de desconocidos.

Pero volvamos a la prueba. Todavía no me veía lista para el medio maratón y, además, no me veía capaz de hacer 21 kilómetros a 2496 metros de altitud. «Too much for my body», pensé, así que me apunté al recorrido de 5 kilómetros. El plan *only girls* me parecía divertidísimo. Todo el fin de semana giraba alrededor de la prueba y el ambiente era de lo más festivo, incluso desentonabas si no corrías disfrazada con un tutú o unas mallas de licra rosa chicle. Hice los 5 kilómetros sin problema y, al pasar por meta, después de nombrar a «Mary Anne, from Little Rock (Arkansas)», todo el mundo pudo escuchar que llegaba a meta «Cristina "Mitra", from Madrid (Spain)». Como broche final a mi momento de gloria: copa de champán, una boa de plumas fucsia, una corona y una medalla, para coronarme como la reina del baile. Veo las fotos y me da la risa. Vaya pinta.

Otra carrera que recuerdo con mucho cariño es la Nike Women's Marathon de San Francisco (Estados Unidos). Yo participé en el medio maratón. Creo que nunca me he sentido más aliviada al cruzar un arco de meta. Primero, porque se terminaba aquella montaña rusa de 21 kilómetros y, segundo, porque por fin podría ir al cuarto de baño. Sin embargo, pese a lo duro del perfil, al insoportable desfase horario que arrastraba (había llegado un jueves para correr al domingo siguiente) y a la falta de horas de descanso, jamás olvidaré ese día, aquellos míticos 21 kilómetros.

A las 5.00 de la mañana ya estábamos desayunando, porque a las 7.00 arrancaba la prueba. Así que nos colocamos en la salida cuando aún era noche cerrada. Hacía fresco, pero la energía que había al comienzo de la prueba era electrizante. No sé si fue por efecto del desfase horario o por lo cansada que estaba, pero antes de comenzar a correr lloré, escuchando un himno que no era el mío, con la mano en el corazón mientras miraba una bandera. Y sí, lloré de la emoción al ver a grupos de mujeres abrazadas, de amigas chocando palmas, de madres e hijas que se besaban y que habían decidido unirse para correr juntas. Y entre aquella inmensidad de mujeres estaba yo, sola pero arropada por todas ellas. Nos mirábamos, nos sonreíamos, chocábamos palmas y nos deseábamos suerte con la mirada, sin despegar los labios.

Bajo el arco de salida, Joan Benoit Samuelson, la ganadora del primer maratón femenino olímpico —las mujeres tendríamos que esperar hasta los Juegos Olímpicos de Los Ángeles en 1984 para poder participar en un maratón—, nos dirigió unas palabras, pero no recuerdo lo que dijo. De hecho, no me di ni cuenta de quién era ella, porque yo parecía estar en otra galaxia.

Aquella fue una prueba dura donde las haya, con un desnivel «destrozapiernas» y con la compañía de una pegajosa y húmeda niebla que no me dejó ver ni el Golden Gate ni Alcatraz. Pero durante 21 kilómetros fui feliz compartiendo una aventura con miles de desconocidas con las que tenía algo en común: nuestras tremendas ganas de correr.

Mi primera carrera chispas

Después de haberos contado estas experiencias no os vais a creer mis inicios en esto de las competiciones, pero, como a estas alturas de libro os veo decididas a engancharos a esto del *running*, que sirva de aviso para navegantes.

Aunque los comienzos fueron duros, poco a poco y con la motivación de correr con otras chicas me fui enganchando. Los martes y los jueves ya podía caerse el mundo que me presentaba en el polideportivo con las mallas puestas. En aquella época no llevaba reloj (ni mucho menos pulsómetro), así que corría hasta no poder más —cuando empecé en esto del *running* era bastante imprudente y me harté de hacer kilómetros; con los años aprendí la lección—. Mi marido siempre me dice que me puede mi impaciencia y que por eso muchas veces me equivoco. Correr, claro, no iba a ser una excepción, por eso, como veía que era capaz de aguantar, en octubre me apunté a una carrera de 10 kilómetros.

Para dicha carrera, en un parque de Sanchinarro (Madrid), encontré otra víctima. Esa vez engañé a Lidia, una compañera de trabajo, para que me acompañase. Como era domingo, tenía una comida con unos amigos y no era plan de anularla porque tenía una carrera, a ver si iban a pensar que me había vuelto vigoréxica. Nos fuimos a un *teppanyaki* e intenté comer ligero, pero fue misión imposible. Con el primer plato ya me quedó claro que no me iba a dar tiempo a hacer la digestión. Tras engullir el arroz con verduras, pollo y huevo, me metí en el baño del restaurante para transformarme en *runner*, al más puro estilo «Lluvia de Estrellas».

Aunque el termómetro rozaba los 25 grados, me puse mis flamantes mallas largas, la camiseta y el cortavientos, y de esa guisa me fui a la carrera. Cuando llegué a la salida comprobé que el recorrido se componía de diez vueltas a un parque y encima plagado de cuestas. ¡Horror! Por supuesto, yo no sabía qué era eso de la altimetría de la carrera y tampoco me había preocupado en mirar por dónde transcurría el recorrido, porque sencillamente iba a correr. Y eso hice durante 55 interminables minutos (estoy segura de que eran menos de 10 kilómetros). Tuve que tirar de orgullo, primero para no caminar y luego para no abandonar. Iba contando las vueltas y aquello era eterno. Parecía no terminar nunca. En el kilómetro 8 ya no podía más, pero me arrastré durante otros 2000 metros agónicos hasta llegar a meta. Roja, sofocada pero satisfecha. Al llegar a casa vomité del sobresfuerzo. Como diría mi amigo Jorge: «lógico». Quise testarme demasiado pronto y fallé. Me precipité. Me puse una meta demasiado ambiciosa para mi forma física. Por eso, aquí te dejo algunas recomendaciones, por si piensas iniciarte en esto de las competiciones.

El día D para una novata. Cómo pasar la prueba

Pese a aquel decepcionante estreno en 10 kilómetros, al llegar a meta pensé que debía volver a intentarlo... en unos meses, así que en diciembre me apunté a mi segunda carrera. Esta vez me preocupé de mirar el perfil: completamente llano, aunque era en diciembre y en Aranjuez, así que iba a hacer mucho frío. De nuevo cometí el clásico error de novata: ir a correr como si fuese a escalar el Everest. Me abrigué demasiado y en mitad de la carrera me hubiese quedado en bragas feliz de la vida. Era increíble el calor que tenía en pleno mes de diciembre. Menos mal que, en el autobús de camino a la prueba, le confesé a una compañera que debajo de las mallas llevaba unas medias térmicas de esquiar para no pasar frío. Me obligó a quitármelas. Gracias, María José. Ese día evitaste que me diese una lipotimia.

Si te enfrentas a tu primera carrera, lee con atención:

— Busca una prueba a la medida de tus capacidades. Normalmente, si no has corrido nunca, lo mejor es empezar por una distancia de 5 kilómetros. Muchas grandes pruebas, como el medio maratón de Madrid, ofertan también esta distancia; una prueba más pequeña, pero con el ambiente de una gran competición.

— Mira la previsión meteorológica para saber qué ponerte: malla larga, camiseta de manga corta, *shorts*, etc. Recuerda que aunque sea invierno no hay que pasarse con la ropa de abrigo a no ser que corras en Siberia. En cuanto eches a correr entrarás en calor. Basta con una malla larga, una camiseta de manga corta y, si la temperatura es muy baja, un gorro, cinta, guantes o unos manguitos son muy buenas opciones. En verano, ya sabes, menos es más.

— Desayuna. No es el día para hacer experimentos, así que desayuna como lo haces habitualmente. Necesitas al menos una hora y media para hacer la digestión. Más adelante, en el capítulo sexto, veremos algunos desayunos *runners.*

— Prepara la bolsa la noche anterior. En una pequeña mochila siempre llevo pañuelos de papel, las gafas, imperdibles extras, el pulsómetro, una camiseta de recambio, una cinta del pelo para estar un poco presentable al terminar la prueba, algo de dinero y un plátano.

— Completa el kit. Suelo colocar el dorsal en la camiseta y me la pongo antes de dejar la bolsa en el guardarropa. Ese día es mejor que no estrenes nada porque entonces no sabrás si es una prenda cómoda.

— Planifica. Si vas en coche, vete con tiempo suficiente para poder aparcar y que no te dé el ataque de pánico a última hora porque no encuentras sitio. Si optas por ir en metro o en autobús, comprueba cuál es la ruta más rápida.

— Abrígate. Ya os he dicho que para correr hay que ir en plan *minimal,* pero en invierno para ir hasta la prueba es mejor que te pongas un pantalón de chándal sobre las mallas, un jersey de algodón fino y una chaqueta. Vístete por capas para no coger frío y, cuando vayas a dejar la bolsa, te cambias en la misma cola del guardarropa.

— Hidrátate. En el plano de la carrera vienen detallados en qué lugares del recorrido habrá puntos de hidratación, donde ofrecen agua o bebidas isotónicas a los corredores. Si tienes planeado beber, unos 200 metros antes del punto de hidratación vete colocándote en el lateral para que no tengas que cruzar de lado a lado. Así no entorpecerás la carrera. En las pruebas de 10 kilómetros no suelo beber (a no ser que haga mucho calor), pero en el medio maratón siempre. Baja el ritmo y tómate tu tiempo. Hazlo con calma para no atragantarte. No sufras, luego recuperarás esos segundos sin problema.

— Mira el recorrido y la altimetría para ver cómo es el perfil y que los desniveles no te pillen por sorpresa. Así es más fácil que dosifiques tu energía si sabes que, por ejemplo, en el kilómetro tres tocan cuestas.

— El pis del miedo. Yo bebo agua hasta media hora antes de empezar a correr, así que inevitablemente tengo que visitar los baños portátiles. Como no queda otra, te dejo el mantra de mi amiga Clara: «Por Dios, no mires».

— Calienta un poco. Sí, antes de empezar a correr es necesario calentar. Y no, no te vas a agotar. Todo lo contrario, porque prepararás tus músculos y tu corazón para el esfuerzo posterior. Un trote suave de unos 10 minutos es ideal. Puedes añadir además cuatro rectas en progresión de unos 70 metros. *En progresión* quiere decir que vas incrementando la intensidad, pero no terminas a tope. Vuelves al punto de partida recuperando.

— Colócate bien. En la mayoría de las carreras te «encajonan», es decir, dividen a los *runners* según sus marcas (según los minutos en los que eres capaz de completar la distancia). Colócate en el cajón que te corresponda y, si es tu primera vez, mejor en los laterales para que no te empujen si te quieren adelantar.

— No te pares en meta. Cuando cruces el arco de llegada sigue corriendo unos metros más. No te pares de golpe porque tu corazón sigue bombeando sangre a tus músculos y necesitas tiempo para recuperar las pulsaciones. A veces es misión imposible porque los propios organizadores te piden el chip o te hacen entrega de la bolsa. De todas formas, intenta caminar un rato (incluso trotar) para darle tiempo a tu corazón a recuperarse. Además, así previenes lesiones musculares.

— Nada más terminar, recoge tu bolsa y cámbiate la camiseta para no quedarte fría. Entonces, ya puede empezar la sesión de fotos.

— Date un premio. Nada como un buen plato de pasta (integral) con algo de proteína para darte una recompensa tras el esfuerzo, así repones las reservas de glucógeno y reparas el desgaste muscular.

5

Conciliando, que es gerundio

«Pero ¿cómo llegas a todo?» Es probablemente la pregunta que más a menudo me hacen. Y mi respuesta es siempre la misma: No lo hago, simplemente establezco prioridades. En el libro de Sheryl Sandberg, *Vayamos Adelante* —que, por cierto, debería ser el manual de cabecera de todas la mujeres que trabajamos fuera de casa—, hay una afirmación que me encanta: «Done is better than perfect» (Hecho es mejor que perfecto). Al parecer, un póster con esta misma frase cuelga de una de las paredes de las oficinas de Facebook en Silicon Valley, la empresa de la que Sandberg es Chief Operator (jefa de Operaciones). Así que me aplico el cuento de Sheryl: es imposible llegar absolutamente a todo y, cuanto antes lo asumamos, menos sufriremos. Por eso, yo tengo claras cuáles son mis prioridades e intento no fustigarme cuando no llego a todo.

Para mí correr (en definitiva, hacer ejercicio) es una de ellas, porque es la clave para una vida más plena, más sana y longeva. Luego, ya tiro de ingenio y un poco de planificación para que cuadre dentro de mi día a día. Pero el primer paso es lograr convencerte de que moverte es tan importante como atender otras responsabilidades. Para el resto, ya sabes, «done is better than perfect».

Según los últimos estudios, la mayor parte de las españolas cree que la primera causa de mortalidad entre las mujeres es el cáncer de mama (véase el libro de Gulati y otros, en la bibliografía). ¡Error! Las enfermedades cardiovasculares se llevan la palma. Pero no solo en nuestro país. De hecho, es la causa número uno a nivel mundial tanto en hombres como en mujeres. Hay un dato que nos debería llevar a la reflexión: en España, la mortalidad hospitalaria por infarto de miocardio en mujeres es del 17,6 por ciento frente al 4,7 por ciento en hombres (véase el artículo de Olivencia y otros, en la bibliografía). Por otro lado, un 55 por ciento de las mujeres mueren de forma súbita antes de llegar al hospital, frente al 43 por ciento de varones. ¿Por qué?

Hace unos meses, tuve la oportunidad de asistir a una conferencia del afamado cardiólogo don Valentín Fuster (te animo a que leas su libro *El círculo de la motivación*), quien apuntaba una causa para esta abultada diferencia. El doctor Fuster decía que las mujeres somos «estoicas». Vamos, que aguantamos lo indecible antes de quejarnos..., hasta que es demasiado tarde. Como le digo siempre a mi madre: «¿Crees que te van a dar una medalla por aguantar el dolor?». Debemos ser un poco más egoístas y reservarnos una pequeña parcelita para volver a ser nosotras, para salirnos del papel de esposas-madres-trabajadoras-entregadas y hacer algo por y para nosotras mismas. Por nuestra propia salud física y mental. El ejercicio puede ser esa válvula de escape que nos ayude a despresurizar en todos los sentidos.

¿Sabes cuáles son los factores determinantes para sufrir un infarto de miocardio? El tabaco, la diabetes, la hipertensión arterial y la dislipidemia (colesterol total elevado), a los que hay que añadir la obesidad, sobre todo, del perímetro abdominal y la inactividad física, entre otros (véase Pedreira y Madariaga, en la bibliografía).

Hay otros factores de riesgo clásicos que tienen un mayor impacto en el sexo femenino. Por ejemplo, las mujeres mayores de cincuenta años tienen niveles más elevados de colesterol total que los varones de la misma edad; la obesidad es más prevalente en mujeres que en hombres; la diabetes también es más frecuente en mujeres, la cual conlleva un riesgo tres veces superior a padecer SCA (síndrome coronario agudo) que las no diabéticas (una vez). Y un último factor de riesgo que me tiene en *shock:* el consumo de tabaco en mujeres jóvenes ha aumentado en los últimos años, y en este grupo de edad la mortalidad por infarto de miocardio es dos veces superior a la de los varones (como indican los citados Pedreira y Madariaga). Así que va siendo hora de abandonar el cigarrillo y enseñar a los menores con nuestro ejemplo.

¿La mejor receta? Dieta sana y ejercicio. Y otro apunte, como decía el doctor Fuster en su increíble ponencia, «el problema es que nos creemos "invulnerables"». Es el clásico: «No, eso a mí no me va a pasar». Cuando las estadísticas demuestran todo lo contrario. Más del 80 por ciento de las mujeres de mediana edad tienen más de un factor de riesgo y en muchas ocasiones no están controlados. Por ello, la aparición de un SCA (síndrome coronario agudo) en la mujer es más tardía, aunque una vez padecido, el riesgo es mucho mayor en mujeres que en hombres. Está demostrado científicamente que modificando el estilo de vida y los factores de riesgo relacionados con las enfermedades cardiovasculares se puede retrasar la aparición de la enfermedad. Por eso es tan importante que el ejercicio sea prioritario en tu vida, no es una moda o un capricho, es una necesidad vital y nuestro entorno (pareja, hijos y demás familia) así deberían entenderlo.

Lo sé, todas vamos como motos, con cien mil cosas en la cabeza. Sí, mi vida, como las de muchas mujeres, puede parecer un circo de tres pistas, un milagro en equilibrio, pero al final consigo que casi todo cuadre, hasta correr.

Si no puedes con tu enemigo, únete a él, o mejor, hazle de tu banda

En 1995, la princesa de Gales (Lady Di) confesaba ante las cámaras de la BBC que en su matrimonio eran tres: ella, el príncipe Carlos y Camilla Parker Bowles. Pues a mí me pasa algo parecido. En el mío también somos tres: mi marido, el *running* y yo.

En los comienzos, a él le parecía una idea estupenda que hiciese deporte y me mantuviese en forma, pero lo que ya no le hacía tanta ilusión era que llegase tarde a casa, los madrugones para intentar cuadrar cuatro días de entrenamiento a la semana, ni las carreras que limitaban las escapadas de fin de semana e incluso las vacaciones.

Cuando corría con mi grupo del Club de Atletismo Paracuellos terminaba de entrenar a las ocho y media de la tarde y, nada más parar el crono, ya empezaba a sonar en mi cabeza el ritmo frenético de la danza del sable de Aram Khachaturian, pensando en todo lo que me quedaba por hacer antes de meterme en la cama 2 horas y media más tarde. Así que estiraba con prisa, subía al coche y, sin parar de correr, me duchaba a la velocidad del rayo para estar lista para la cena. Lo pienso y, además de agotarme, se me acelera el pulso.

Había días en los que tocaba pegarse el madrugón (sobre todo el fin de semana) por eso de conciliar. Siempre había una comida, una visita y el clásico: «Hoy te toca a ti sacar a la perra». Mientras me despegaba de las sábanas, desde el otro lado de la cama, podía oír una especie de cacofonía, una voz cavernosa que decía: «Esto no es vida. Estás fatal». Sin encender la luz (ni el móvil) salía de la habitación intentando no darme de bruces con la pared o la puerta del armario.

El tema del despertador también creaba cierta controversia. Cuando saltaba, me levantaba como un resorte al borde de la taquicardia para que no sonase más de 2 segundos, pero, en mi ambición por intentar apagarlo rápido, terminaba llevándome por delante la lámpara de la mesilla de noche y muchas veces el despertador salía catapultado a la otra punta de la habitación.

Como mi reloj biológico no está sincronizado para hacer clic a las seis y cuarto de la mañana, para que el *running* no crease un cisma en mi matrimonio terminé comprándome un reloj despertador de pulsera, que en lugar de alarma sonora vibraba. Al principio, la sensación de que me oprimiesen la muñeca cuando estaba plácidamente dormida me daba muy mal rollo, pero era preferible a escuchar aquella perpetua letanía del «Esto no es vida. Estás fatal».

Planificar las vacaciones, sobre todo los puentes o la Semana Santa, tampoco era tarea fácil. Casualidades de la vida, pero muchas de las carreras en las que quería participar siempre tocaban en mitad de un puente o en fiesta, así que había que sacar la hoja de ruta y ponerse a pactar. La de «matrimillas» que ha ganado mi marido a costa de mi fiebre *runner*. Si fuesen puntos de la Iberia Plus, le daba para hacerse varios viajes transoceánicos. Tras muchos tira y afloja y altas dosis de diplomacia matrimonial, al final, éramos capaces de llegar a un acuerdo. Para zanjar el tema, él dictaba sentencia: «Vale, nos quedamos para que corras, pero entonces...», y así venga a regatear de nuevo como si aquello fuese el bazar de Estambul.

Llegados a este punto estaba claro: tenía que hacerle de mi banda. Si no puedes con tu enemigo, únete a él, o mejor, arrástrale hasta tu territorio.

Después de haber convencido a las vecinas, a mi hermana y a mis compañeras de la oficina, me tocaba el hueso duro de roer: hacer de mi marido un *runner*. Al final fue más fácil de lo que creía. Bastaba con montar un buen plan alrededor de la carrera, desde un viaje hasta organizar una fabada poscompetición con amigos. Sí, los dos somos asturianos, así que en casa todo lo celebramos comiendo y bebiendo. Por algo todo el mundo canta el *Asturias, patria querida* cuando está pedo.

Convertí las carreras en un evento lúdico-festivo para que mi marido fuese de mi banda y, aunque sigue siendo un *runner* ocasional, me acompaña a muchas carreras, como la Cursa Bombers en Barcelona, una prueba que nos gusta mucho y que no nos perdemos desde hace varios años, los 20 kilómetros de la mítica Behobia-San Sebastián, los 10 kilómetros de Paracuellos de Jarama (alias *la rompepiernas*, una montaña rusa plagada de cuestas) y también la San Silvestre gijonesa. Juntos, pero no revueltos. En más de una prueba dejamos sorprendidos a nuestros conocidos porque nunca tomamos la salida juntos. Yo voy a mi rollo, no me gusta esperar a nadie, quiero calentar, localizarme con el GPS 10 minutos antes de echar a correr, y me gusta colocarme bien delante y pegada al lateral derecho (manías que tiene una). Él es más pausado, va a su ritmo, no le gustan las prisas ni los agobios, y para que me quede tranquila siempre me dice: «Si me canso camino», ya sea una prueba de 10 kilómetros o un medio maratón. Así que nos damos un beso y cada uno a su rollo. «Te veo en meta», le digo siempre entre risas. Probablemente, su actitud es más sana que la mía. Mientras él duerme como un tronco la noche anterior a la prueba, yo estoy más nerviosa que en la noche de Reyes. No lo puedo evitar. Ya sé que no me juego nada, ni una medalla, ni una subida de sueldo, pero es la adrenalina precompetición que me tiene en vela.

Ahora que ya es de mi banda, el *running* no es motivo de disputa, aunque hay varios temas que aún no hemos solucionado. Entre ellos, mi colección de zapatillas de correr. Lo reconozco, soy la Imelda Marcos del *running* y a menudo, en mi casa (a estas alturas vas a pensar que es la de los espíritus), escucho una segunda cacofonía que proviene desde las profundidades del garaje: «Un día todas estas zapatillas van a desaparecer». Menos mal que ya no compartimos baño y me ahorro el clásico popular: «¿Pero lo usas todo?».

Y digo yo, ¿por qué le molestará mi colección de zapas? Es un vicio como otro cualquiera. Tengo verdaderas reliquias de las que no me pienso desprender y que guardo como tesoros. Un ejemplo son mis Nike Rift, alias *las pezuñas*. En 1995, Nike ya hablaba del *minimal* y *barefoot running* (correr descalzo) con estas zapatillas, inspiradas en los *runners* keniatas como Abebe Bikila, el atleta etíope que en 1969 corrió descalzo y ganó el maratón de los Juegos Olímpicos de Roma (fue la primera medalla de oro para África en unos Juegos Olímpicos). La ventilación de las Rift no estaba muy conseguida y más te valía no quitártelas en público —los gases efecto invernadero tumbaban a cualquiera—, pero ahí las tengo, bien guardaditas en mi fondo de armario como si se tratase de un Birkin de Hermès.

De todas formas, aunque se queja de mi colección, luego le gusta alimentar mis vicios rodeándome de tentaciones. En un reciente viaje a Nueva York, entramos en una tienda de deportes de la Quinta Avenida y yo le propuse el clásico: «Nos vemos en media hora en la caja». El sueño no me duró ni 2 nanosegundos. Se paró en seco, me miró a los ojos y muy serio me dijo en tono amenazante: «Con todo lo que tienes en casa, no irás a comprarte nada…». Me hundió en la más absoluta de las miserias. Así que mientras él se probaba media tienda, a mí no me quedaba otra que contemplar y salivar. Solo logré echar a la cesta un par de calcetines (rosas, por supuesto), de camino a la caja, porque «son un básico —le expliqué— y, además, nuestra lavadora tiene la habilidad de fagocitarlos».

El segundo tema pendiente de resolver, y que no tiene visos de solucionarse, es el de las maletas. Yo viajaba muy cómoda hasta empezar a correr. Os aseguro que tengo un máster en hacer equipajes y neceseres. Soy capaz de llevar hasta exfoliante corporal y mascarillas de varios tipos sin pasarme del dichoso litro, pero desde que corro se acabó lo de viajar ligera, sobre todo si no quieres facturar y vuelas en *low cost.* ¿No han pensado en hacer unas zapatillas de correr plegables? Ya me puedo ir a la otra punta del mundo que yo cargo con ellas y un montón de por «si acasos» deportivos.

Para organizar el equipaje siempre empiezo por la ropa de deporte, calculando todo lo que necesito y metiendo varios planes B por si llueve, hace calor o frío. A continuación, toca el neceser (siempre tengo uno listo, así que esta parte la liquido en minutos), y termino con la ropa de vestir. Prefiero dejarme un vaquero que arriesgarme a ir sin cortavientos. «¿Todo esto para un fin de semana?» Es la inevitable pregunta sin respuesta que siempre queda en el aire al meter las maletas en el coche.

Running para *working girls*

«¿Y qué es mejor, correr de mañana o de noche?», otro de esos grandes misterios por resolver. Yo ya tengo mi propia receta: corro a salto de mata, es decir, cuando puedo y mejor me cuadra. Yo tengo horario *runner* de invierno y de verano. Desde octubre a mayo, corro al mediodía, dos veces por semana, y el fin de semana por la mañana. De mayo en adelante, o cuando empieza a apretar el calor, a primera hora de la mañana o ya por la noche, con nocturnidad y alevosía.

Muchas mamás *runners* eligen las mañanas (casi la madrugada) para poder salir a correr, porque es el único hueco que tienen libre. Sin duda, te ayuda a tener mucha más energía, pero recuerda que hay que calentar bien porque la temperatura del cuerpo a esas horas es más baja, lo que puede aumentar el riesgo de sufrir algún tipo de lesión.

Aunque me gustaba mucho correr en grupo, dejó de ser factible. Además, viajaba bastante y me perdía muchos entrenamientos, así que decidí, muy a mi pesar, que la mejor opción era correr sola y al mediodía. En la redacción de *ELLE* ya conocían mi historia de amor con la zapatilla, así que pedí permiso para poder ducharme en el baño que tenemos en el plató, donde hacemos todas las producciones de moda y de belleza de *ELLE*.

Al principio me sentía como Clark Kent. Mientras mis compañeras cogían el bolso para ir a comer, yo me levantaba de mi silla, me metía en el baño y salía transformada en *runner*. Sin capa, pero con las carnes bien prietas como el superhéroe. Más de una se quedaba muerta al encontrarme en el baño de esta guisa: con las mallas puestas, el cortavientos, la cinta del pelo, los cascos y las gafas, lista para despegar y así no perder ni un minuto. Bajaba volando por las escaleras y le dejaba a Yolanda, la recepcionista (y mi mejor *cheerleader*), la bolsa para luego ir pitando a la ducha —Yolanda es experta en darme el mejor apoyo, con frases del tipo: «Te admiro, qué moral tienes», y, además, me da la predicción del tiempo: «Hoy no hace mucho frío, te irá bien».

Ahora ya tengo mi ritual muy interiorizado, pero al principio no, y más de una vez me encontré ante uno de esos momentos en los que no sabes muy bien si reír o llorar.

En cierta ocasión, como el baño estaba ocupado, me cambié detrás de unos archivadores y unas estanterías, donde nadie podía verme. Como soy animal de costumbres, con las dichosas prisas, en una de las estanterías me dejé el sujetador y la camisa, así que, al volver de correr, y tras ducharme, cuando fui a echar mano de mi ropa casi fibrilo al darme cuenta de que me había dejado la parte de arriba en la redacción.

Horror, sin móvil, con el pelo goteando y mi estilismo *runner* empapado en sudor. Para colmo de males el plató de *ELLE* está en otro edificio. Mi mente ya se había puesto en centrifugado y podía verme como una de esas activistas de Femen en vaqueros y con los pechos al aire en plan *topless warrior*. Afortunadamente, soy la reina de los «por si acasos» y en el fondo de la bolsa encontré un cortavientos «fresquín y limpín», aunque transparentaba hasta el alma. No quedaba otra. Me lo puse, me crucé la bolsa por el pecho y salí corriendo, rezando para no encontrarme con nadie por la calle o en las escaleras. Misión cumplida: milagrosamente, llegué a redacción sin que me viese nadie. Me colé de nuevo tras los archivadores y me puse mi ropa. Mojada, sudada y fatigada, pero muy aliviada de no haber montado un espectáculo a lo Dita Von Teese.

Correr al mediodía es un privilegio, sobre todo en invierno, porque la temperatura es mucho más agradable y, además, me permite desconectar, romper un poco con la vorágine de la oficina y volver a la redacción con las pilas cargadas, lista para hacer frente a la tarde a tope de energía. Tengo la suerte de que mis superiores entienden mi necesidad de hacer ejercicio y yo también soy flexible. Los días que corro al mediodía llego antes y también me voy más tarde que el resto de mis compañeros. Además, como en mi mesa. Una vez más, planifico el entrenamiento para que cuadre dentro de mi agenda.

La noche anterior dejo la bolsa preparada con lo que voy a llevar, e incluso pienso cómo voy a ir vestida a la oficina. Ese día ni tacones, ni botas altas, ni medias, ni camisas de seda. Elijo un *look* que sea fácil de quitar y poner. Además, después de correr tengo el pelo muy húmedo y sigo sudando, por lo que prefiero camisetas y camisas de algodón, que tienen la ventaja añadida de no arrugarse.

También pienso en qué voy a comer ese día. Como no me

queda otra que hacerlo sin moverme de mi sitio, lo mejor es una ensalada fría que lleve de todo: proteínas para reparar el tejido muscular y carbohidratos para reponer el glucógeno. El formato ensalada es muy cómodo porque lo puedo comer de forma discreta mientras sigo trabajando y así no molesto a nadie. Para no caer siempre en la insípida lechuga, copio a mi suegra, un hacha en hacer de las sobras del día anterior verdaderas exquisiteces. Si he cenado pollo o pescado (salmón y lubina son mis favoritos), hago un poco más para la ensalada y lo desmenuzo. Además, incorporo quínoa o algún carbohidrato (como pasta integral, cuscús, etc.). Eso sí, la llevo sin aliñar porque si no queda muy «babosa».

El tema del pelo es lo único con lo que todavía tengo cierto conflicto. Necesito lavármelo porque sudo y, además, suelo recogerme el flequillo con horquillas o una cinta. Resultado: se queda disparado a lo «pájaro loco» y no hay forma de domarlo si no lo enjabono. El problema es que, tras lavarme el pelo, no puedo perder más tiempo secándolo, así que no me queda otra que dejarlo a su libre albedrío, y para alguien con flequillo y pelo fosco este es un gran dilema capilar.

Cuando llego a redacción siempre escucho los clásicos: «No te reconocía sin flequillo» o «Cris, llevas el pelo pingando». «Ya, ya, lo sé, lo sé», contesto, aunque en el fondo pienso: «Pues ya verás dentro de 2 horas cuando me empiece a parecer a Tina Turner». Y, efectivamente, mientras tecleo, hablo por teléfono o cierro una maqueta, puedo notar cómo mi pelo va creciendo, aumentando de volumen, volviéndose loco, revolviéndose sobre sí mismo por efecto de la calefacción. Por suerte tengo el remedio: en mi cajonera atesoro un minisecador superpotente. Así que, a media tarde, me escapo un segundo al baño y, en 2 minutos (como buena *runner* lo he cronometrado), aliso con los dedos el flequillo. No queda perfecto, pero así me evito otro de los clásicos: «¿Pero tienes el pelo rizado?».

Sí, confieso. Soy una emboscada. Mi sueño capilar sería salir de la ducha con el pelo húmedo y que me quedase liso como una tabla. Pero no es el caso, más bien todo lo contrario. El día que inventaron las planchas para el pelo yo fui por fin feliz, se acababa la tiranía del efecto *frizz* y del volumen XL. Un par de pasadas con la herramienta mágica y *voilá,* pelo liso y suave al instante. Las tenacillas son como las zapas: van conmigo siempre. Y es que aprendí la lección. En mi viaje de novios, me parecía muy fuerte llevarme las planchas a Botsuana, ¿cómo me iba a planchar el pelo en mitad de la sabana africana? ¿Qué iba a pensar mi recién estrenado marido? Pues hoy por hoy todavía me arrepiento. ¡Qué pelos! ¡Qué horror! ¡Qué encrespamiento! Prefiero no mirar las fotos porque me pongo mala.

El trabajo también es un buen sitio para intentar reclutar compañía *runner.* Antes de convencer a medio Madrid para que se viniese a correr conmigo al Retiro con el proyecto Mujeres que Corren (mujeres-que-corren.com), empecé a testar mis dotes de persuasión con mis compañeras de *ELLE.* Y conseguí algunos resultados —cuando me lo propongo soy como el rayo que no cesa, como esa gota malaya, insistencia en estado puro: no acepto un no por respuesta. «Contumaz y persistente», como dice mi marido—. Logré convencer a dos compañeras para que empezasen a caminar/correr conmigo. Y, la verdad, es que le echaban valor, porque dar vueltas por un desangelado descampado detrás de una gasolinera no es el mejor plan para la hora de la comida.

Mientras yo hacía mis series, recta para arriba, recta para abajo, ellas trotaban y corrían y, al cruzarnos, nos dábamos ánimos mutuos. Me hacía mucha ilusión verlas allí intentándolo y, además, no estar sola en mitad de la nada me transmitía seguridad. Aunque lo cierto es que nunca he corrido sola, pues desde el principio me eché un par de espectadores. Una extraña pareja esperaba puntualmente mi llegada al descampado todos los martes y jueves para verme dar vueltas como una noria. Yo les saludaba, aunque nunca logré que me dijesen ni media palabra.

Mujeres que corren y viajan

En cuanto a los viajes, especialmente los de trabajo, si haces un hueco en la maleta para las zapatillas, como yo, puedes matar dos pájaros de un tiro: dar una vuelta por la ciudad mientras haces ejercicio. Esto, de nuevo, exige dotes organizativas. Lo cierto es que yo me pierdo con mucha frecuencia. Si me doy una vuelta sobre mí misma, es muy probable que me desoriente, aunque me alivia comprobar que no soy la única que es incapaz de leer un mapa (al parecer somos muchas las que no llevamos el GPS de serie). Por eso, antes de emprender el viaje, miro dónde está situado el hotel y me hago una composición de lugar para ver por dónde puedo salir a correr.

Normalmente busco el parque más cercano, madrugo y, si no es factible salir a correr porque llueve o hace frío, voy al gimnasio del hotel y me subo a la elíptica. Lo prefiero a la cinta de correr, que me parece una auténtica tortura china. ¡Muero del aburrimiento! Recuerda que hacer ejercicio te ayuda a combatir el *jetlag* y, además, te quita esa sensación de pesadez que te deja el vuelo. Después de haber salido a correr, estiro en la habitación, me pego una ducha y ya estoy lista para saborear el delicioso desayuno bufé del hotel, ¡porque me lo he ganado!

Muchas de las presentaciones internacionales de belleza tienen lugar en París, así que el Jardín de las Tullerías es mi lugar favorito para entrenar. La zona central del parque es tierra compactada con gravilla muy fina, así que resulta genial para las articulaciones. Aunque lo que más me gusta es correr por los laterales, sobre todo en otoño, cuando las hojas de los árboles se tiñen de ese rojo fuego. Es mágico. Además, las vistas son espectaculares. Por un lado, puedes ver el museo del Louvre y, desde la otra punta, la plaza de la Concordia y la torre Eiffel a lo lejos.

Si visitas la ciudad, te recomiendo que recorras este parque a golpe de zapatilla, pero ten cuidado que no te pase como a mí, porque un día se me hizo tarde y, como no sabía que cerraban a partir de las siete de la tarde, casi termino durmiendo al raso. No llevaba ropa reflectante, así que los de seguridad no debieron verme. Mientras yo correteaba muy animada por mitad del parque, cerraron las puertas y, cuando quise salir, me encontré con el candado echado. Horror, ataque de pánico. Empecé a dar vueltas como una peonza. ¿Cómo salgo de aquí? Era imposible saltar la valla y, encima, iba sin móvil ni dinero (un clásico). De repente, me topé con un guardia de seguridad haciendo la ronda. «Exit, please», fue lo único que pude articular. No tengo ni idea de lo que me dijo, pero vi hacia dónde apuntaba su dedo y allí me dirigí. Cuando logré salir del parque, nunca sentí tanto alivio por haber terminado unas series.

Lo bueno es que ahora el *running* es tan popular que muchos hoteles ya ofrecen rutas *runners* a sus clientes, te dan un mapa que detalla los kilómetros, el perfil, etc., e incluso te prestan una equipación. Todo un lujo. Lo mejor para conocer la ciudad mientras corres son los llamados *running tours.* Ya he probado varios en Nueva York y San Francisco. Es un servicio estupendo y muy cómodo. Un guía te viene a buscar a tu hotel, previamente le comunicas de cuánto tiempo dispones, qué zonas o monumentos de la ciudad te gustaría ver y qué ritmo puedes llevar. Mientras corréis te va contando la historia y otros datos curiosos de la ciudad.

Puedes hacer un *running tour* privado o en grupo. Yo he hecho las dos versiones. En Nueva York, con unas amigas hice uno muy divertido, llamado Brooklyn Brewery Running Tour. Sales de una fábrica de cerveza y recorres el corazón de Williamsburg, el barrio de moda en Brooklyn y todo un crisol de culturas. Doblas una esquina y te topas con un grupo de judíos jasídicos, todos vestidos de negro. Ellos con sus enormes sombreros de piel shtreimel y sus largas barbas; ellas con pelucas o pañuelos para esconder del ojo ajeno su pelo, que solo muestran a su esposo en la intimidad. Tan pronto ves una sinagoga como tropiezas con la imagen de Juan Pablo II, porque en Williamsburg hay una zona polaca, con sus curiosas casas de madera de colores. Giras de nuevo y te cruzas con un coche desde el que suena un reguetón atronador que te da la bienvenida a la zona puertorriqueña y dominicana, mientras al otro lado de la acera ves a una pareja de *hipsters.* Te aseguro que la hora y cuarto que dura el *tour* se pasa volando porque no puedes parar de mirar todo lo que te rodea. Como premio tras el esfuerzo te invitan a hidratarte con una cerveza de la Brooklyn Brewery.

Asuntos de familia

Si tu pareja no corre, a veces es difícil que entienda tu necesidad de hacerlo. Pero, como te dije anteriormente, correr o hacer cualquier otra actividad física debería ser de uso y disfrute obligatorio, porque el sedentarismo es el camino más rápido hacia la enfermedad cardiovascular. *Ladies,* ¡hay que moverse! Si correr no es lo tuyo, busca otra actividad que te enganche y que te despegue del sofá. «Estar activo durante 150 minutos a la semana (media hora, cinco días a la semana) reduce el riesgo de contraer diabetes de tipo dos, disminuye las posibilidades de sufrir una cardiopatía, una apoplejía en un 30 por ciento, y reduce en un 50 por ciento el riesgo de morir de forma prematura por cualquier otra causa», explican los doctores Michelle Harvie y Tony Howell en su libro *La dieta de los dos días.*

Moverse es vital para combatir la obesidad que se ha convertido en auténtica pandemia. Según la Organización Mundial de la Salud (OMS), en el mundo hay más de mil millones de adultos con sobrepeso y, de estos, trescientos millones son obesos. Como explica el doctor Valentín Fuster en su libro *Corazón y mente:* «La obesidad aumenta el riesgo de tener una presión arterial alta, diabetes, problemas cardiacos y apnea. Pero también aumenta el riesgo de sufrir algunos de los tipos de cáncer más frecuentes, como el de colon, el de próstata o el de mama. Y otros menos frecuentes como el de útero, ovario y páncreas».

Para muchas mujeres el mayor obstáculo no es ya la incomprensión de los maridos, sino la responsabilidad de los hijos. En este punto no me siento con autoridad moral para aconsejaros porque yo no los tengo, pero gracias al ejemplo de mis amigas os puedo dar algunos trucos que veo que a ellas les funcionan. Una vez más, hay que tirar de organización, un poco de disciplina y mucha fuerza de voluntad. Hay veces que toca madrugar un poco más o esperar a que ya estén acostados para salir a correr. Creo que lo más importante es conseguir que vuestras parejas se involucren.

Os quiero dejar la historia de Elena, otra de esas mujeres que corren, porque os puede servir de ejemplo para conciliar trabajo, familia, niños y *running*.

Me llamo Elena. Tengo treinta y cinco años. Estoy casada y tengo dos niños maravillosos de un año y medio y tres años. Mi marido y yo trabajamos, jugamos con nuestros hijos en el parque, les llevamos a la piscina, hacemos la compra, arreglamos la casa, preparamos comidas, cenas y, en nuestro escaso tiempo libre, nos gusta salir a correr. No entrenamos tanto como nos gustaría y apenas salimos a rodar juntos, como hacíamos antes de la llegada de Nicolás, mi hijo mayor. Pero con organización, algo de ayuda y muchas ganas sí se puede.

Atrás quedaron aquellos años en los que salía a entrenar hasta seis días a la semana. Ahora, mis sesiones de entrenamiento se reducen a cuatro días que intento aprovechar al máximo.

Llevo corriendo desde los veintisiete años, cuando conocí a Tony, mi marido, maestro de Educación Física y entrenador de atletismo. Gracias a él comencé a correr. ¿Por qué? Porque quería perder peso. ¿Por qué sigo corriendo? Porque no puedo dejar de hacerlo.

Y eso que los comienzos no fueron nada fáciles. Odiaba correr. Recuerdo perfectamente cómo me quedaba sin aire cuando apenas llevaba 5 minutos de carrera. Lo achacaba a un asma que realmente nunca he tenido. También recuerdo el dolor que me subía por uno de los costados hasta el cuello. Esos días pensaba que jamás sería capaz de rodar más de 10 minutos seguidos. Pero allí estaba mi marido para animarme. Me decía que todo lo que me sucedía era normal, que debía de tener paciencia y no tirar la toalla, y que, aunque me pareciera una auténtica locura, con constancia, un día conseguiría correr media hora. Y no solo eso, sino que correría 45 minutos, más de una hora y, por qué no, dos si hacía falta.

Un día, correr dejó de ser una obligación para perder esos kilitos de más y se convirtió en mi pasión: rodajes largos, gimnasio, *fartleks*, series, cuestas, rodajes de recuperación..., hasta que llegaron los peques.

Ahora, no hay tiempo para la pereza. Con dos niños no se puede dudar. O sales a correr o te quedas en casa. Cada minuto es muy valioso. Pero se puede, se puede tener hijos, una familia, trabajar y, además, sacar tiempo para entrenar. No soy, ni mucho menos, la única madre *runner* sobre la faz de la tierra. Conozco a otras madres trabajadoras. Madres con uno, dos y tres niños, que hacen auténticos malabares para salir a correr. Y lo consiguen.

Correr forma parte de mi vida. Lo necesito para mantenerme en forma, para desconectar del día a día, para reflexionar, para ponerme a prueba. Son muchos los motivos por los que no puedo dejar de correr. Todos ellos me dan fuerzas para dejar a un lado la pereza, el cansancio o el sueño y me impulsan a calzarme las zapatillas siempre que puedo.

No concibo mi vida sin el *running*. Incluso cuando estaba embarazada me calcé en más de una ocasión las zapatillas. No tanto como me habría gustado, pero no estuve parada al cien por cien. Tras los dos partos, enseguida me puse manos a la obra. Obviamente no comencé a correr hasta pasada la cuarentena, pero sí realizaba algunos ejercicios sencillos en casa para tonificar los músculos y prepararlos para volver a correr. Cuarenta días después de los nacimientos de Nicolás y Simón, volvía a rodar. Aprovechaba que mi marido, mis padres o mis suegros se quedaban con los peques y salía 20 o 30 minutos. Al principio, mi cuerpo no daba más de sí. Me sentía como cuando comencé a correr. Y de la misma manera que entonces, con paciencia y esfuerzo fui ampliando los tiempos de rodaje.

Nicolás nació el 29 de agosto de 2010. El 28 de noviembre, tres meses después, corría 10 kilómetros en Paracuellos del Jarama. Lo haría en 54 minutos. Simón nació el 25 de mayo de 2012. Seis meses después repetía en Paracuellos. Lo haría en 51 minutos. En febrero de 2013, caía el medio maratón de Getafe en 1:46:00, y dos meses más tarde, mi quinta media en Segovia, algo peor, ligeramente por encima de 1:50:00.

Ahora, con los dos peques en casa, la organización es clave para poder salir a entrenar. De hecho, cuando comienza el curso escolar lo primero que hago es fijar los días de la semana en los que podré salir teniendo en cuenta los horarios de los niños, los míos y los de mi marido, las clases de matronatación o natación de los peques, las clases de inglés de Tony, así como cenas, limpieza de la casa, compras... Visto así parece misión imposible, pero en los dos últimos años he conseguido sacar cuatro días a la semana para entrenar y este año también es mi objetivo. De nuevo organización, muchas ganas y ayuda.

Solo para que os hagáis una idea. El curso pasado iba al gimnasio los martes a primera hora. A las siete de la mañana estaba en la puerta del polideportivo y en una hora y cuarto me daba tiempo a calentar, realizar trabajos de fuerza, abdominales y estirar. Después del entrenamiento, una ducha y al trabajo. Los jueves, también sobre las siete de la mañana, tocaba rodar 8,5 kilómetros a un ritmo alegre, aunque según me pidiera el cuerpo. Los fines de semana, cuando más tiempo libre tengo, tocaban los rodajes largos, *fartlek* o series, según el plan de entrenamiento. Todavía recuerdo comer sobre las doce y media con Nicolás y, a continuación, dar de comer a Simón, acostarlo y, a las tres de la tarde, cuando llegaba mi marido a casa, salir a hacer un rodaje largo de 14-16 kilómetros.

Este año espero poder entrenar también cuatro días a la semana. No será fácil, pero ya no puedo entender la vida sin el *running*.

Entrenar sin salir de casa o en el *gym*

Para muchas de vosotras poder salir a correr no es una opción, así que os planteáis hacerlo en la cinta. Yo soy incapaz, porque me aburre que me mata, aunque me ponga la música a toda pastilla o tenga acceso a Internet. Si estoy de viaje y no puedo salir a correr, prefiero subirme a la elíptica que, como explica el preparador físico Alberto Rey en su libro *El entrenamiento ideal*, «combina el movimiento cíclico de la bicicleta y el lineal del escalador, lo que genera un nuevo movimiento conocido como *patrón elíptico*. A nivel biomecánico, el movimiento de tronco y pelvis es similar al del trabajo en la cinta, aunque el cuerpo está ligeramente inclinado por el agarre frontal, y además reduce el impacto sobre rodilla y cadera quitando compresión a las plantas de los pies». De hecho, Rey recomienda iniciarse con el trabajo elíptico antes de empezar a correr: «Evitaremos lesiones en un inicio brusco de la actividad de carrera. Poco a poco puedes ir incorporando trabajo de cinta a medida que el cuerpo se acostumbra al ejercicio».

Correr al aire libre me parece más divertido y, además, si hace sol, sintetizas vitamina D, que es fundamental para absorber el calcio y tener unos huesos fuertes. Además de hacernos la vida *runner* más fácil, las cintas sí tienen una ventaja, como explica Ángel Merchán, de Home Wellness Madrid: «absorben bastante bien los impactos por los sistemas de amortiguación que incorporan. Además, cuando hace mucho frío y llueve son una buena alternativa y permiten controlar parámetros como la velocidad, la pendiente, la frecuencia cardiaca...».

Otro plus: «La energía que no se gasta en relación a la resistencia al viento. Cuando corres rápido por la calle el gasto energético debido a la resistencia del viento es mayor cuanto más rápido vayamos», añade el experto.

De todas formas, no es lo mismo correr en la calle que sobre la cinta. «Sobre esta es necesaria mucha menos fuerza de impulsión hacia delante que en la carrera de calle, debido al movimiento de la banda donde pisamos. También el tiempo de apoyo es menor, por lo que la frecuencia de zancada a misma velocidad es mayor en la cinta. Para asimilarla un poco más a la técnica de carrera de calle se recomienda subir la pendiente un 1 por ciento en la cinta», añade el experto. Si estás acostumbrada a correr en cinta, el primer día que pises el asfalto te costará un poco. No te frustres. Es absolutamente normal.

¿Y qué es mejor? Pues todo depende de cuál sea tu objetivo. Si quieres participar en una carrera popular, «debes limitar el entrenamiento en cinta, puesto que puede provocar malas transferencias técnicas a la carrera en la calle, disminuyendo el rendimiento, porque los músculos van a trabajar de forma distinta», explica Merchán. Por el contrario, si tu objetivo es de tipo cardiovascular o *fitness*, «puedes elegir cualquiera de las dos. De hecho, si quieres limitar los impactos por sobrepeso y/o lesiones, mejor en cinta. Incluso se han diseñado algunas que te quitan un porcentaje de tu peso corporal para disminuir la fuerza de los impactos».

Para correr en cinta a «un nivel de iniciación, con 3 horas semanales repartidas en cinco sesiones, la intensidad debe oscilar entre el 60 por ciento y el 80 por ciento de la frecuencia cardiaca máxima», recomienda en su libro Alberto Rey.

Equivalencias de ritmo

En la cinta, a partir de unos 7km/h se empieza a correr en lugar de andar.

A 10 km/h en la cinta, en la calle iríamos a un ritmo de 6 minutos el km.

A 12 km/h en la cinta, en la calle iríamos a un ritmo de 5 minutos el km.

A 15 km/h en la cinta, en la calle iríamos a un ritmo de 4 minutos el km.

A 20 km/h en la cinta, en la calle iríamos a un ritmo de 3 minutos el km.

6
Corro, luego soy corredora

Cuando correr ya sea un hábito (sí, ese día llegará), habrá otros aspectos a los que de forma natural prestarás más atención, como son la alimentación, la hidratación y los estiramientos. Sin duda, te ayudarán a ser una *runner* más eficiente.

Correr y perder peso

Sí, muchas empezamos a quemar zapatilla para decir adiós a los kilos de más. Y esta es una razón tan buena como cualquier otra. De hecho, es una apuesta muy inteligente porque el ejercicio cardiovascular es el mejor para quemar esa grasa que nos sobra.

El problema está en que muchas mujeres se desesperan y abandonan el hábito cuando el ejercicio no cumple con sus expectativas. En general, estamos tan acostumbradas al efecto *flash*, a la gratificación inmediata, que nos frustra enormemente no ver resultados instantáneos, y este es un grave error. Optar por la vida sana a través del ejercicio y una alimentación adecuada es una inversión a largo plazo. Los milagros no existen. La clave está en adquirir hábitos saludables que nos acompañen toda la vida, como hacer deporte y comer bien.

Igual que no tardas horas en coger kilos, tampoco puedes pretender perderlos en cuestión de minutos. No es la primera vez que alguien me manda un correo electrónico para confesarme que lleva semanas corriendo y que no ha adelgazado ni un gramo. Aún peor, ha cogido peso. Hay que tener en cuenta muchos factores, empezando por saber cuántos kilos son los que de verdad te sobran, cuántos días a la semana corres y a qué intensidad lo haces y, sobre todo, cómo te alimentas.

Como explica la nutricionista Laura Pire, «correr es una actividad aeróbica efectiva para aumentar un mayor consumo metabólico, pero es fundamental estar muy bien alimentado y seguir una mínima rutina semanal de ejercicios de musculación para no perder tono ni volumen muscular, para que el peso no rebote en cuanto dejamos el ejercicio una semana por la razón que sea».

Para perder peso, primero hay que hacer ejercicio cardiovascular (y también una rutina de fuerza, como veremos más adelante) a cierta intensidad (como te dije en el capítulo tercero, entre el 60 y el 85 por ciento de tu frecuencia cardiaca máxima) y, además, debes tener constancia y continuidad.

De nada vale salir un día a correr y no volver a hacerlo hasta una semana más tarde. Poco a poco, a medida que puedas ir aumentando tanto el volumen como la intensidad, irás viendo cómo tu cuerpo se transforma. Creo que es fundamental que en esta primera etapa midas tus progresos no en base a los gramos que has perdido, sino a lo que eres capaz de conseguir: aguantar 5 minutos más, hacer un *sprint* hasta una farola, subir una cuesta a tope o hacer el último kilómetro a un ritmo fuerte. Te aseguro que marcarte un pequeño reto y superarlo te dará una satisfacción enorme. Perder peso dejando de comer no tiene mérito, sudar y esforzarse por conseguirlo sí (y mucho). Los kilos se irán yendo. Date tiempo y no te mortifiques subida a la báscula. De hecho, con el tiempo, cuando el ejercicio ya forme parte de tu rutina, estarás más preocupada por correr 10 kilómetros 2 minutos más rápido que por los kilos que pesas.

Como explica la doctora Eva Ferrer Vidal-Barraquer en su libro *Cambia de vida, ponte a correr,* se queman «a razón de 100 calorías por cada 1,5 kilómetros recorridos, así que para perder 0,5 kg hay que quemar 3.500 calorías. Se puede llegar a consumir entre 30-120 kcal por cada 30-60 minutos de ejercicio cardiovascular al 80 por ciento de la frecuencia cardiaca máxima. Para quemar grasa se puede subir hasta el 85-90 por ciento. Respecto al tiempo, no puede ser inferior a los 30 minutos, ya que a partir de este instante se entra en metabolismo aeróbico y se empieza a activar el circuito adecuado para quemar grasas».

En mi caso, en estos cuatro años, mi peso no ha variado mucho. Realmente solo he perdido dos kilos (de 59 he pasado a 57 kg), pero lo importante es cómo se distribuyen en mi cuerpo. Ahora tengo mucha menos grasa corporal y más músculo. Por eso, aunque mi peso no ha variado mucho, mi cuerpo en apariencia sí. Me veo con menos volumen (recuerda que el músculo ocupa menos que la grasa porque es más denso), con más tono y, además, más fuerte. Y no es solo una apreciación personal, mucha gente me lo ha dicho y tú misma puedes comprobarlo en mi blog, porque he ido colgando fotos de mis carreras desde que empecé hace cuatro años. De hecho, no suelo pesarme, prefiero la prueba del vaquero. En cuanto me aprietan un poco, ya sé que es el momento de ponerse las pilas.

No está de más hacerse una bioimpedancia eléctrica, una máquina (como una báscula) que mide tu composición corporal. Una corriente eléctrica (totalmente indolora e imperceptible) recorre tu cuerpo desde las plantas de los pies. Los tejidos más finos, como los músculos y los órganos, contienen agua y electrolitos, mientras que la grasa no la contiene (o solo en una cantidad mínima), por eso no es una buena conductora e impide el paso de la corriente. Basta con saber la cantidad de tejido fino que tienes porque, al restarlo del peso total, sabrás la cantidad de grasa. Normalmente, las mujeres tenemos entre un 20 y un 34 por ciento de grasa en nuestro peso corporal, mientras que en los hombres ronda entre el 8 y el 25 por ciento.

Luchar contra el sobrepeso es una carrera de fondo, no un *sprint*. Exige ser conscientes de qué y cómo comemos. Lo cierto es que, cuando optamos por el ejercicio, todo es una cadena, porque empiezas a cuidar tu alimentación, a prestar atención a las horas de sueño, a controlar tus niveles de estrés (superimportante, porque estar todo el día de los nervios engorda), y a optar de manera natural por un estilo de vida más sano. Esto no quiere decir que una se convierta en una monja de clausura, porque para mí comer y beber es parte del disfrute de la vida, pero, como decían los clásicos, todo en su justa medida.

Por otro lado, si aún sigues fumando (te doy un tirón de orejas virtual), correr te ayudará a desengancharte. A medida que vayas cogiendo más fondo, tendrás menos necesidad de fumar y te aseguro que te dará remordimiento de conciencia ensuciar tus pulmones con los cigarrillos. Ya ves, todo son beneficios. ¿Qué esperas para darle una oportunidad al *running*?

Si te asaltan las dudas, y además tienes sobrepeso, ponte en manos de un experto que te diseñe un plan de nutrición acorde con tu estilo de vida. Pero recuerda, la dieta por sí sola no funciona. Es necesario combinarla con ejercicio físico, y correr, te lo aseguro, es el mejor quemagrasas. Lo ideal es que vayas haciendo pequeños ajustes en tu alimentación y que encuentres la motivación para calzarte las zapatillas, porque dejar de comer por sí solo no es la mejor opción. Si eliminas de tu dieta más de 100 calorías al día, tu cuerpo se piensa que llega la hambruna y, en lugar de quemar, hace acopio de reservas. Haz ejercicio y adquiere buenos hábitos introduciendo pequeños cambios en tu alimentación. En estas páginas te enseñaré cómo.

Atlética, que no delgada

Creo que hacer ejercicio te ayuda a cambiar el chip, a valorar tu cuerpo por lo que es capaz de hacer y no por los kilos que pesa. Para que tus músculos adquieran tono hay que trabajar duro. Hay que superarse, ir siempre un poco más allá. Hacer un abdominal más, nadar ese último largo a crol, o correr esos últimos cien metros. El sentirme bien conmigo misma a mí me lo da algo tan sencillo como hacer deporte. Además, creo que hay que ser realistas y saber manejar nuestras expectativas. Soy consciente de que, aunque volviera a nacer, jamás seré como la modelo Gisele Bündchen. En mi ADN no llevo inscrito ese pelo, ni esas curvas, ni ese estómago plano y, aunque tuviese todo el tiempo del mundo para dedicárselo a mi cuerpo, jamás seré como ella. Y este pensamiento es, cuanto menos, liberador.

Creo que el primer paso es ser honestas con nosotras mismas

y aceptar nuestras imperfecciones. Por mucho que haga dieta, corra o me mate en la elíptica, jamás tendré sus piernas. Y ¡qué! Hacer deporte te da la autoestima que muchas veces no te devuelve tu imagen en el espejo. La actividad física te da seguridad, fuerza, energía y confianza. Y, lo más importante, es una opción más saludable que pasarse la vida en perpetua dieta.

Correr pone a prueba tu fuerza de voluntad. Pese a lo mucho que me gusta, muchas veces haría cualquier otra cosa antes que quemar zapatilla, pero me invento las ganas y cumplo con mi plan de entrenamiento. Ahí es cuando me siento bien, porque sé que soy capaz de hacer todo lo que me proponga. Tengo cierta tendencia a procrastinar (el dicho «Lo que puedas hacer hoy no lo dejes para mañana» muchas veces no va conmigo) y el *running* me ha ayudado a no posponer esas pequeñas cosas que me dan pereza. Hago mío el lema «Just do it» de Nike; simplemente, lo hago.

En este capítulo vamos a hablar de nutrición. Intentaré dar respuesta a algunas de las dudas que yo tuve cuando empecé a correr y también descubriros algunos errores comunes. Además, muchos de los consejos que quiero compartir aquí son válidos para todas las mujeres (¡y hombres!), independientemente de que hagan o no ejercicio. Todo está basado en mi experiencia personal y en lo que a mí me ha funcionado, así que, ante la duda, consulta siempre con un nutricionista.

Comer con cabeza

Ni la dieta de la piña ni la del bocadillo. Si no adquieres buenos hábitos y no te alimentas de forma equilibrada, difícilmente podrás controlar tu peso.

«Tener un horario definido de comidas y no picotear entre horas es más importante que un cálculo obsesivo de la cantidad de calorías de los alimentos que comemos o el seguimiento de dietas concretas que excluyan determinadas clases de alimentos. Una dieta equilibrada es aquella que incluye una gran variedad de alimentos, en especial frutas, verduras, carne sin grasa y cereales», explica el doctor Valentín Fuster en su libro *Corazón y mente.*

¿Cómo debe alimentarse una mujer que corre?

Echemos un ojo a la pirámide nutricional propuesta por la Mayo Foundation for Medical Education and Research, que también tiene en cuenta la actividad física diaria como hábito de vida saludable y complementario a la alimentación.

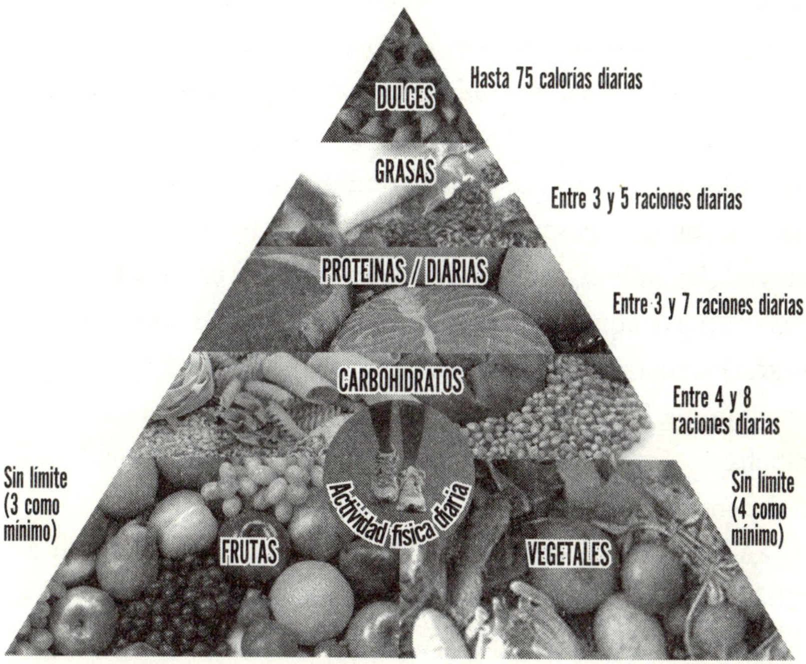

© Fundación Mayo para la Educación Médica y la Investigación

En el primer nivel están las verduras, hortalizas y frutas que aportan vitaminas y minerales. El consumo de verduras y hortalizas debe basarse en 4 raciones al día (aunque en realidad puede ser ilimitado) y el de frutas en 3 raciones al día.

A continuación, los hidratos de carbono (pasta, arroz, pan, patatas, cereales, cuscús…), la base de la dieta de los deportistas. Recuerda que las legumbres son muy ricas en hidratos de carbono y fibra, pero también cuentan como alimento proteico por su composición. Deberíamos consumir de 4 a 8 raciones de hidratos puros al día y legumbres dos veces por semana.

Los alimentos que garantizan el aporte de calcio están en el tercer nivel y son los encargados de mantener el contenido mineral óseo e intervienen en los mecanismos de la contracción muscular y la regulación de otros procesos metabólicos. Además de la leche y sus derivados (queso, yogur, kéfir…), las legumbres, los frutos secos y la soja (brotes de soja, bebida de soja, semillas, tofu…) pueden ser otras fuentes de calcio alternativas. Tomaremos de 3 a 7 raciones al día de este grupo, en el que también están presentes las fuentes de proteína animal (carne de ave, cerdo magro, conejo y pescado), los huevos y las fuentes de proteína vegetal (legumbres y frutos secos), que son una excelente opción para variar y equilibrar nuestra alimentación. Por otro lado, el pescado azul (sardinas, salmón, atún, anchoas, caballa…) es rico en vitamina D, refuerza el sistema inmune y participa en el metabolismo óseo. Además, contiene ácidos grasos Omega 3 que reducen la inflamación.

A la hora de decidir cuándo tomar carne y pescado, valoramos estas frecuencias: carnes magras, aves y huevos, de 3 a 4 por semana, alternando su consumo; pescado, de 3 a 4 raciones por semana.

Las grasas están en el penúltimo escalón de la pirámide. Aquí incluiríamos el aceite de oliva (de dos a cuatro cucharadas soperas al día). Los frutos secos tienen un elevado aporte de grasa vegetal, de 3 a 5 raciones por semana (unos 20 o 30 gramos).

En el vértice de la pirámide están los alimentos de consumo ocasional, como los dulces y todos esos caprichos que le dan un poco de «sabrosura» a la vida, pero que no deben formar parte del menú cotidiano. Podemos poner como ejemplo la mayonesa, una *fondeu* de queso, las salsas con nata, etc. Habría que incluir también aquí la carne de ternera y los embutidos que, aunque pertenecen al grupo de las proteínas, aportan elementos que podemos conseguir en otros alimentos más saludables.

En líneas generales, la dieta *runner* debería incluir:

— 60-65 por ciento de carbohidratos
— 10-20 por ciento de proteínas
— 20-30 por ciento de grasas

La importancia de los carbohidratos

Durante mucho tiempo, reduje al mínimo los carbohidratos en mi dieta, porque en mis años en la universidad me alimenté a base de arroz y pasta. Además, después de licenciarme en Periodismo, me fui a vivir a Londres. Compartía piso con una vegetariana y tuve la brillante idea de seguir su ejemplo. Ella era vegetariana de verdad, planificaba su comida, y yo simplemente decidí eliminar la proteína animal de mi dieta y alimentarme básicamente de arroz blanco. Eso no es optar por una dieta vegetariana, sino ser una inconsciente.

Dejé de comer carne (aunque sí consumía algo de pescado, pero muy poco) y me arrepiento profundamente de haber cometido semejante locura. No tengo nada en contra de quien quiera ser vegetariano, pero hay que hacerlo con cabeza y, desde luego, yo no lo hice. El aporte de proteína es fundamental y, si no es animal, hay que ingeniárselas para incorporarla a tu alimentación. Ahora sé que hay multitud de alternativas vegetales, pero en aquella época no. Así que, si eres vegetariana, esfuérzate por planificar tus comidas y llevar una dieta equilibrada, porque ser vegetariano no significa alimentarse a base de ensaladas. Hay fuentes de proteína vegetal estupendas, pero hay que conocerlas y darle un punto creativo a tu cocina para no terminar comiendo siempre lo mismo.

En resumen, en los años universitarios y los tres que viví en Londres me alimenté sobre todo a base de carbohidratos y poca proteína. Resultado: mi dieta era pésima y llegué a aborrecer la pasta y el arroz.

Sí, soy rara, sin embargo, creo que no he sido la única que con los años decidió borrar de su dieta los carbohidratos (arroz, pasta, patatas, etc.). Ahora vivimos en una época en la que triunfan las dietas a base de proteínas (véase el famoso método Dukan) y los carbohidratos gozan de mala fama; parecen ser los culpables de todos nuestros males, y muchas mujeres los han eliminado de su dieta por miedo (o desconocimiento) y se alejan de ellos como si se tratase del mismísimo diablo. Un error, porque son nuestra principal fuente energética; excluirlos de nuestra alimentación (y más si corremos) es una muy mala idea porque son la gasolina que alimenta nuestros músculos.

Mi amiga la nutricionista Laura Pire me ayudó a introducirlos de nuevo en mis comidas y me enseñó que hay otros carbohidratos más allá de los sospechosos habituales y, además, no todos son iguales.

Como hemos visto en la pirámide nutricional, los carbohidratos son muy importantes en la dieta de los corredores, pero esto no quiere decir que te puedas atiborrar a pasta, arroz y pizza sin medida.

Nuestro organismo transforma los hidratos de carbono que ingerimos en glucosa para alimentar a las células. La glucosa que no se utiliza se almacena en forma de glucógeno en el hígado o en los músculos (la cantidad varía según la masa muscular que tengamos), pero, ojo, esto no nos da barra libre para consumir carbohidratos sin medida, porque ese almacenamiento tiene un límite y, si lo rebasamos, la glucosa se transforma en grasa (triglicéridos) y, entonces, se almacena en el tejido adiposo (en nuestro caso, léase cartucheras, caderas, etc.).

Además, hay que recordar que no todos los hidratos de carbono son iguales, su índice glucémico (IG) —su capacidad de elevar los niveles de glucosa en sangre— determina qué tipo de hidrato de carbono es mejor comer en cada momento.

Descubre el índice glucémico de los alimentos

IG Bajo: entre 0 y 35

Alimentos que no contienen azúcares en su composición o son casi despreciables: pescados azules, carnes en general, crustáceos, huevos, embutidos y quesos magros. También son bajos en índice glucémico alimentos como el aceite, el aguacate, las legumbres, el chocolate amargo o los frutos secos. En este grupo también incluiremos los lácteos y la mayoría de las verduras y frutas no tropicales.

IG Medio: entre 35 y 50

En este grupo se encuentran sobre todo los cereales que conforman panes, pastas, arroces, cuscús y demás especialidades creadas a base de cereales; algunas frutas como el plátano, el kiwi, las zanahorias, las ciruelas pasas o la piña fresca; también, tubérculos como la patata y zumos de frutas dulces como el de arándanos o manzana. A partir de este grupo, aparece el sabor dulce y vamos subiendo de índice glucémico. Se puede decir que, para crear un menú equilibrado a este nivel, debemos alternar el uso del grupo bajo y medio al 50 por ciento.

IG Alto: a partir de 50

Aquí se engloban los alimentos dulces más obvios y los que, no siendo dulces, desencadenan en nuestro cuerpo una gran subida de la insulina, que produce un acumulo de energía en los depósitos y menor consumo calórico. Aquí tenemos los platos preparados, pizza, lasañas y demás; arroces (paella, blanco, basmati, bomba), miel, papaya, melón, uvas pasas, helados, galletas, bebidas deportivas, harinas y jarabes de maíz o glucosa, tan utilizados en tantos productos procesados.

Controla tu insulina

Cuando comemos alimentos ricos en carbohidratos (pasta, arroz, patatas…) nuestro nivel de glucosa en sangre sube y, entonces, el páncreas comienza a segregar la famosa insulina. Como vimos, la glucosa es la energía que utilizan las células, pero a nuestro cuerpo no le gusta tener niveles altos de esta circulando por la sangre. La hormona insulina funciona como una especie de policía del azúcar, favorece la extracción de la glucosa de la sangre para luego almacenarla en el hígado o en los músculos (el famoso glucógeno, la fuente de energía de nuestros músculos) y que posteriormente podamos utilizarla cuando la necesitemos.

Además, la insulina tiene otra función más desconocida: la de mantener a raya la grasa en sangre. Si tenemos altos los niveles de insulina, la grasa se almacena; si la tenemos baja, se elimina. Por eso decimos que la insulina nos engorda.

Constantemente ingerimos alimentos ricos en azúcar (y no hablo de azucarillos. Lee con atención las etiquetas y verás cómo hasta el pavo lleva azúcar), por lo que segregamos mucha insulina para controlar esos niveles de glucosa en sangre. Resultado: engordamos y, lo que es mucho peor, pueden aparecer problemas con la diabetes de tipo dos y la obesidad, que ya tiene casi la categoría de pandemia mundial.

¿Cuáles son tus mejores opciones para controlar la insulina?

En líneas generales, hay que consumir alimentos que no produzcan tantos picos de insulina en sangre, como los carbohidratos de absorción lenta (los llamados *de bajo índice glucémico*), por ejemplo, la avena, la pasta y el arroz integral, el bulgur (trigo) o la quínoa (un cereal-legumbre de los Andes). Como regla general, es mejor evitar las harinas refinadas (pan blanco) y los alimentos ricos en azúcar (cereales de desayuno, galletas, repostería, zumos de frutas) porque elevan el azúcar en sangre (es decir, tienen alto índice glucémico). Opta por los alimentos ricos en fibra, como las harinas integrales, legumbres y la mayoría de las frutas, porque se absorben más lentamente ayudando a evitar esos picos.

Cuando decimos el clásico «me comería la pata de la mesa», es porque los niveles de azúcar en sangre han descendido de forma vertiginosa. Esto se evita comiendo cinco veces al día. Tres comidas (desayuno, comida y cena) y dos tentempiés (media mañana y media tarde), siempre equilibrados, que combinen carbohidratos de absorción lenta con un poco de proteína, que también es fundamental para tus músculos, células, sistema inmune y energía. Un plus: la proteína sacia.

El azúcar, ese dulce pecado

Con los años me he vuelto como la inspectora Gadget en el supermercado y siempre saco la lupa para leer las etiquetas. El azúcar enmascarado en muchos alimentos es, sin duda, el responsable de que la diabetes de tipo dos y la obesidad (incluso la infantil) no paren de crecer de forma alarmante. Para estar seguros de que un producto no contiene azúcar, debe aparecer específicamente en la etiqueta como «sin azúcar», que no es lo mismo que «sin azúcar añadido», que simplemente quiere decir que no se le ha agregado más cantidad de la que tiene de forma natural, como la fructosa de los zumos.

Hablando de fructosa, mucho ojo con ella (en las etiquetas de los alimentos puede aparecer como jarabe de maíz de alta fructosa o jarabe de fructosa y glucosa). Está presente en cereales de desayuno, barritas de cereales, zumos, yogures, galletas y helados y, como explican los doctores Michelle Harvie y Tony Howell en su libro *La dieta de los dos días*, «tiene un alto contenido calórico que se convierte directamente en grasa que se almacena en el hígado. Un hígado grasiento tiene menos capacidad para eliminar la grasa que circula en la sangre y por eso esta se deposita en los vasos sanguíneos haciendo que se estrechen y elevando la presión sanguínea».

Los carbohidratos en la dieta *runner*

Antes de correr

Antes de correr (por debajo de 60 minutos) lo mejor es que elijas alimentos con bajo índice glucémico, porque proporcionan un suministro constante de glucosa a los músculos. Si tienes una carrera, es mejor que evites los alimentos ricos en fibras (generan gases y ralentizan la digestión) y las grasas.

Por la mañana, unas tres horas antes de la prueba, tomo copos suaves de avena, que preparo como si fuesen una papilla. Caliento la leche (tomo leche semidesnatada que es rica en proteína y baja en grasa) y, antes de que hierva, echo tres cucharadas soperas de copos de avena. Añado una cucharadita de miel y remuevo sin parar hasta que adquiera cierta consistencia. Espolvoreo un poco de canela y listo. Otras veces opto por combinar un poco de proteína (unas lonchas de pavo) con un par de tostadas. En líneas generales, desayuna ligero, tres horas antes de la prueba y como lo hagas habitualmente, porque no es el momento de innovar y ponerse creativa.

La noche anterior a una prueba no te metas un atracón de pasta, porque te vas a sentir muy hinchada. Para la cena previa a la competición, a mí me gusta optar por una ensalada templada de verduras, patatas y un poco de proteína (pavo, pollo o salmón).

Prefiero tomarlo como si fuese una ensalada porque me cuesta menos comerlo (sí, me pongo nerviosa y me cuesta hasta tragar).

En cuanto a los tentempiés, siempre intento comer dos a lo largo del día. Uno a media mañana y otro a media tarde. Entre mis favoritos están las tortas de arroz integral con quínoa (las encuentras en cualquier herbolario), que acompaño con unas lonchas de pavo. También puedes optar por un yogur desnatado con unas nueces o muesli y una pieza de fruta. Recuerda, la clave está en combinar siempre un poco de proteína con un carbohidrato.

Después de correr

En este caso, los alimentos de alto índice glucémico pueden ser interesantes para reponer la energía después del entrenamiento.

Recuerda que las reservas de glucógeno se agotan aproximadamente tras dos horas de ejercicio. Por eso es importante que consumas a diario hidratos de carbono en cantidad suficiente para que tengas un buen *stock* y así retrasar la aparición de la fatiga. Tras entrenar, es importante rellenar rápidamente esas reservas con carbohidratos y también optar por algo de proteína que ayude a la regeneración muscular. Opciones: desde unos cereales con leche, frutas ricas en antioxidantes, a unas tostadas con un poco de pavo y un plátano. Nunca tardo más de media hora en comer después de haber entrenado (aunque no tenga mucho apetito), porque es cuando las células de los músculos están más preparadas para empezar a regenerarse.

Nuestras amigas las proteínas

Las proteínas también tienen un papel fundamental en la dieta de las mujeres que corren, porque están presentes en todos los procesos de reparación y crecimiento celular. Hay veinticuatro aminoácidos que utiliza el organismo para sus funciones; el cuerpo es capaz de producir doce de ellos, pero hay otros ocho, conocidos como esenciales, que no puede producir y es necesario aportarlos a través de la dieta. Las proteínas contienen veinte de estos aminoácidos. Además, recuerda que el cuerpo utiliza diez veces más calorías digiriendo y procesando las proteínas que con las grasas e hidratos de carbono.

¿Qué tipo de proteína eres? ¿Animal o vegetal?

Entre las fuentes de proteína animal se encuentran los huevos, el pescado, la carne, la leche y sus derivados, que contienen proteínas de alta calidad con dichos aminoácidos esenciales de los que hablábamos.

Recuerda que a la hora de preparar la carne y el pescado, hay que evitar los fritos y los rebozados. Es mejor optar por otros métodos como el grill, el vapor, la plancha o el papillote. Este último es uno de mis favoritos, porque no hay que usar aceite, es superrápido y no mancha nada.

Envuelves el alimento en papel de aluminio (no existe evidencia científica que pruebe que el aluminio se transfiera al alimento), o papel vegetal o sulfurizado (también conocido como *de horno*), y lo cocinas en el horno. También hay recipientes de silicona platino (como los de la firma Lékué, elaborados con un tipo de silicona que incorpora platino como catalizador). Independientemente del papel o el recipiente que uses, la carne y el pescado se hacen en su propio jugo, así que no tienen grasas y quedan supersabrosos. Además, puedes incorporar la guarnición, como unas verduras cortaditas finas. Yo ni siquiera uso sal, opto mejor por especias, como la pimienta, el romero, la albahaca, el orégano, etc., que aportan muchísimo sabor.

Entre las fuentes de proteína vegetal están las legumbres (lentejas, garbanzos, alubias) y verduras como el brócoli y las espinacas; también los frutos secos y las semillas (sésamo, pipas de girasol, anacardos) y, por último, los granos, de dos tipos: integrales (cebada, avena, mijo, muesli, copos de avena, cuscús integral, arroz salvaje) y refinados (macarrones, espaguetis, arroz blanco...).

Desde que corro, presto mucha más atención a mi dieta porque es vital para lograr un buen rendimiento. Así que intento innovar un poco y que mi despensa sea algo más aventurera. Por ejemplo, ahora incorporo a las comidas frutos secos y semillas. Me gusta mucho cocinar con el wok y en los salteados de verduras siempre añado pipas de girasol (que previamente he tostado un poco en el horno), semillas de sésamo o unas nueces.

Además, he descubierto superalimentos como la quínoa, una fuente estupenda de proteína y carbohidratos (si eres vegetariana, que no falte en tu dieta). Se trata de un tipo de cereal (muy popular en las regiones de los Andes) muy rico en proteínas, fibra, vitaminas del complejo B y E. Además, es una fuente importante de hidratos de carbono de bajo índice glucémico. ¿Te acuerdas? Son aquellos que mantienen estables los picos de insulina para que no te dé el hambre. Y lo mejor: tiene muy pocas calorías, así que no dudes en tomarla después de haber hecho ejercicio. Tampoco tiene gluten, por lo que es apta para celíacos. Lávala bien, porque si no te puede saber un poco amarga, y prepárala como guarnición, base para ensaladas, incluso con pisto de verduras. Se cocina igual que el arroz (dos vasos de agua por cada vaso de quínoa). Yo suelo preparar una buena cantidad que reservo en la nevera para ir añadiendo durante la semana a cada comida que preparo.

Un último consejo...

Recuerda que después de hacer ejercicio tu cuerpo saca toda la artillería pesada para reparar el daño producido. Las proteínas son la materia prima para crear masa muscular y también repararla. Por eso, es importante que al terminar de hacer ejercicio tomes proteína y, si eres vegetariana, debes estar ojo avizor porque no todas las fuentes de proteína vegetal aportan todos los aminoácidos esenciales. Las únicas excepciones son la soja, la espelta y la quínoa.

Las grasas

Hay quien escucha la palabra *grasa* e inmediatamente se pone a fibrilar, pero es fundamental en nuestra dieta porque, como los carbohidratos, es también nuestro combustible. Sin embargo, no todas las grasas son iguales. Una vez más hay clases: las buenas de la película (conocidas como *grasas insaturadas*) y las malas, las villanas, que responden al nombre de *saturadas*. Sí, malas noticias, la bollería industrial y la comida muy procesada están repletas de estas últimas.

No hay que tener miedo a las grasas, porque son una fuente energética para actividades de baja intensidad, como dormir y, además, sin ellas nuestro cuerpo no podría absorber otras vitaminas liposolubles como la A, D, E y K. Lo que sí está claro es que tus mejores opciones son las grasas insaturadas que encontrarás en el aceite de oliva y los frutos secos (conocidas como *grasas monoinsaturadas*) y también en el pescado, como en toda la variedad de pescado azul (salmón, caballa, arenque, sardinas, etc.), que es rico en ácidos grasos esenciales Omega 3 (de alto poder antiinflamatorio), también conocidos como *ácidos grasos poliinsaturados*.

El hecho de que corramos no nos da carta blanca para consumir grasas sin medida, recuerda que cada gramo de grasa equivale a 9 calorías, casi el doble de lo que aportan los hidratos de carbono (un gramo de glucosa aporta 4 calorías) y las proteínas.

Como habíamos visto, el aceite de oliva es una grasa de las buenas (insaturada), pero no por ello se te puede ir la mano cuando aliñes la ensalada o al cocinar en general. Es una discusión que tengo habitualmente con mi madre. Siempre dice: «Es que el aceite de oliva es sanísimo», y echa un chorretón de aceite por encima de la ensalada, las tostadas del desayuno o para hacer un refrito de ajos para las lentejas. Y sí, lo es, pero no debemos pasarnos con la cantidad. Al día se recomiendan de dos a cuatro cucharadas soperas.

Una de las claves para una alimentación sana es limitar las grasas saturadas (fiambres y embutidos, lácteos enteros, carnes rojas, vísceras, piel del pollo, productos de pastelería, etc.), pero, sobre todo, hay que tener mucho cuidado con las llamadas *grasas trans* o *hidrogenadas* (margarinas, golosinas, patatas fritas, magdalenas, sopas instantáneas, galletas...). La hidrogenación es una tecnología que permite, a través del uso de hidrógenos, transformar un aceite líquido en una grasa sólida para que así el alimento dure más. Mediante este proceso se destruyen las propiedades nutricionales del alimento y aumentan el colesterol malo y los triglicéridos. En la etiqueta del alimento señalará el porcentaje de grasas trans, pero no siempre. Si en la lista de ingredientes se incluye aceite hidrogenado o parcialmente hidrogenado, estás frente a una grasa trans. Es lo mismo. Así que la próxima vez que tengas hambre, antes de ir a la máquina de la oficina acuérdate de las famosas grasas trans.

Yo nunca peso los alimentos, ni me vuelvo loca con las cantidades. Lo calculo a ojo y sigo una regla muy gráfica que me dio la nutricionista Laura Pire. Miro el plato y lo divido: la mitad repleto de verduras y los otros dos cuartos son para las proteínas y los carbohidratos, así me aseguro de incorporar alimentos de todos los grupos y, además, no me paso con las cantidades.

Desayunos y tentempiés

Hay quien todavía se salta el desayuno y eso tiene consecuencias catastróficas en la dieta, porque se termina consumiendo más calorías que si se hubiera desayunado. Ahora están muy de moda los batidos y, como explica Laura Pire, «la base de un batido equilibrado debería incluir: 1/3 de fruta, 1/3 de leche de arroz, avena o soja y 1/3 de cereal/hidrato en forma de copos o galleta. Para complementar la potencia nutricional, puedes añadir una perla de vitamina E, una cucharada sopera de levadura de cerveza y un puñado de frutos secos o frutas desecadas».

Aquí tienes una propuesta para darle un *twist* a la primera comida del día.

Batido mañanero

INGREDIENTES

1 cucharada de copos de avena
1 cucharadita de levadura de cerveza,
1 cucharadita de miel
Zumo de una pera
Leche de soja

Elaboración

Mezclar todo, darle un revolcón en la batidora y listo.

Como hemos visto, para mantener estable la insulina y evitar los picos de hambre, comer cinco veces al día es una buena estrategia. Aquí te dejo varias opciones que me recomendó Laura Pire y que a mí me funcionan:

— Tentempié saciante y reponedor de proteínas: Un pequeño bol de queso feta y almendras, aliñado con un toque de un buen aceite de oliva.

— Tentempié para llevar a la oficina: El típico medio sándwich de jamón ibérico con tomate frotado o aceitunas en tapenade (paté), más un zumo de naranja. Todo un clásico.

— Tentempié fresco: Tres cucharadas soperas de hummus con una tostada pequeña de pan de centeno.

El hummus es supersencillo de preparar y conservar en casa, aparte de nutricionalmente perfecto, porque el sésamo es rico en calcio, los garbanzos aportan mucha energía y un plus de calcio, además, el aceite de oliva es el complemento perfecto. Acompañado de *crudités* (verduras como la zanahoria, el pepino o el pimiento) es un *snack* estupendo.

Hummus

Ingredientes

400 g de garbanzos cocidos

2 dientes de ajo

3 cucharadas de tahín o pasta de sésamo
Un pellizco de comino, según el gusto
Zumo de 1/2 limón aproximadamente
3 cucharadas de aceite de oliva
Sal
Pimienta negra

ELABORACIÓN

Se mezclan los ingredientes en un recipiente y se bate con la batidora hasta conseguir una textura cremosa y homogénea. Al servir se puede adornar con un poco de pimentón dulce (o picante), semillas de sésamo y un chorrito de aceite de oliva.

Recetas para mujeres que corren

Aunque me gustaría encontrar la energía para innovar más en mi cocina, suelo ser bastante básica y tiro de mis clásicos. Por eso, aquí quiero compartir unas recetas de la nutricionista Lara Pire que me encantan porque son muy fáciles de preparar y no hay que tener mucha «mano». Se pueden elaborar con antelación para comer en la oficina o por la noche calentadas en el microondas.

Ensalada templada de espinacas con queso feta, nueces y cuscús integral

INGREDIENTES

150 g de espinacas frescas en hojas
150 g de queso feta
50 g de nueces

100 g de pollo en tiritas muy finas
6 champiñones
Un puñado generoso de cuscús integral ya cocido
Ajo molido o dos filetitos de diente de ajo

ELABORACIÓN

Rehoga el pollo en tiras con las nueces picadas y el ajo. Mézclalo con las espinacas cortadas, el queso en dados, los champiñones laminados y añade el puñado generoso de cuscús.

Para hacer el cuscús integral (lo encontrarás en herbolarios y tiendas de dietética), mezcla la cantidad en crudo con su mismo volumen de agua hirviendo y déjalo reposar.

Alíñalo 10 minutos antes de servirlo con una cucharada de aceite de oliva por comensal y un chorrito de crema de vinagre de Módena y deja que repose.

Ensalada de garbanzos, pimientos y aceitunas negras

INGREDIENTES

300 g de garbanzos cocidos o envasados
1 pimiento verde cortado en tiras
Zumo de tomate
2 cebollas en juliana
1 cucharada sopera de zumo de limón, otra de aceite de oliva y otra de vinagre de vino blanco para el aliño
10 aceitunas negras
Hojas de lechuga para la base de la ensalada

ELABORACIÓN

En un plato sopero mezcla los garbanzos, el pimiento, el zumo de tomate y la cebolla. Bate la mezcla de limón, aceite y vinagre para verter sobre la hoja de lechuga. Esparce las aceitunas negras en mitades por encima del plato.

Tortilla mejicana de maíz rellena de gambas y setas

INGREDIENTES

250 g de setas
100 g de gambas peladas cocidas
Tortilla de maíz mejicana o tortillas de trigo integral para tacos
4 ajos
Sal
Orégano
Aceite de Oliva

ELABORACIÓN

Lava bien las setas y sécalas antes de añadirlas a la sartén. Saltéalas durante 5 minutos a fuego medio alto y espolvorea una pizca de sal. Agrega las gambas peladas y cocidas a la sartén con las setas y saltea todo 10 minutos a fuego medio bajo. Añade una pizca de orégano antes de sacar la mezcla.

Ponlo todo encima de la tortilla abierta y preséntala tipo crepe o como un taco.

Arroz integral de invierno con azuki y brécol

Una bomba energética si te encuentras falta de vitalidad, cansada o en mitad de una convalecencia, etc. El azuki no engorda más ni menos que otra legumbre, pero la energía que aporta es como un complemento vitamínico. Perfecta para corredoras agotadas.

Ingredientes

100 g de judía azuki
100 g de arroz (integral o blanco)
300 g de brécol
1 cebolla
2 zanahorias
1 cucharadita de tahín (puré de sésamo, que también se usa, como hemos visto, para hacer el hummus)
Semillas de sésamo (opcional)
1 hoja de laurel
Salsa de soja
Aceite de oliva
Sal

Elaboración

Por un lado, cuece el arroz y el azuki en abundante agua con sal hasta que estén blandos. Hacerlo en la olla a presión es una muy buena opción porque acortas mucho el tiempo de cocción. Como el arroz es integral, cuécelo todo junto.

Pela y corta la cebolla, el brécol cocido y la zanahoria a tiras. En una sartén pon un poco de aceite y saltea la cebolla con la hoja de laurel. Añade la zanahoria cuando empiece a estar ligeramente dorada.

Mezcla el tahín con un poco de salsa de soja y añádelo al salteado. Déjalo cocinarse a fuego lento y tapado durante unos 5 minutos.

Echa el arroz y el azuki cocidos y escurridos y remueve con mucho cuidado para que se mezcle bien sin romperse. Rectifica la sal.

Espirales de espelta con queso de cabra y berenjenas a la parrilla

INGREDIENTES PARA 4 PERSONAS

300 g de espirales o macarrones de espelta integral
1 berenjena
16 tomates cherry
20 gramos de aceitunas negras
Aceite de oliva virgen extra
50 g de queso tierno de cabra
1-2 cucharadas de harina de trigo
Pimienta negra recién molida
Sal

ELABORACIÓN

Lava y corta las berenjenas en lonchas finas. Ponlas en un colador, espolvoréalas con sal marina y déjalas reposar durante 20 minutos para que salga el amargor y el exceso de agua de la berenjena. Después, sécalas con papel de cocina.

Lava y corta los tomates por la mitad y ponlos en un bol junto con las aceitunas.

Cuece la pasta *al dente* según las instrucciones del fabricante.

Cuando falten 15 minutos para servir, calienta una parrilla a fuego alto. Unta un poco de aceite de oliva en las berenjenas y ásalas unos minutos por cada lado hasta que estén blandas y doradas. Agrégalas al bol con los tomates, las aceitunas y la pasta. Añade el queso a la mezcla caliente para que se funda.

Salmón con frutos secos y quínoa

INGREDIENTES

200 g de quínoa
200 g de salmón fresco o congelado
100 g de espinacas
400 ml de caldo de verduras
1 puerro, solo la parte blanca
Nuez moscada molida
Aceite de oliva
Sal
1/2 tacita de café de vino blanco

ELABORACIÓN

Pica el puerro y rehógalo en la sartén con un poco de aceite de oliva a fuego suave hasta que quede bien pochado sin quemarse.

Agrega el salmón en dados y, cuando empiece a cocinarse, añade el poquito de vino blanco. Déjalo unos 5 minutos hasta que se evapore el alcohol. Añade la nuez moscada y el caldo de verduras y rectifica la sal.

Incorpora la quínoa, limpia y bien lavada para quitar el amargor. Déjala cocer unos 20 minutos como si fuera un arroz y listo.

Lasaña verde de Pao

Esta receta es de mi compañera en *ELLE* Paola Sáez de Montagut, y es todo un descubrimiento. Una lasaña sin queso, pasta, ni bechamel. ¡La bomba! Es superfácil de hacer y aguanta muy bien en la nevera hasta una semana. Yo suelo preparar una fuente generosa y así tengo varias comidas solucionadas a lo largo de la semana. Una receta diez y una preocupación menos. ¡Mujer organizada vale por tres!

INGREDIENTES

5 puerros
1 calabacín
1 cubito de caldo vegetal ecológico
Una cucharadita de mantequilla
1 lata de tomate frito (comprueba en la etiqueta que no sobrepase el 5 % de grasa por 100 g)
1 cebolla grande
1 kg de carne de ternera picada (mejor si es fresca)
1 berenjena grande cortada en rodajas
Pimienta blanca
Pimienta negra
Sal

ELABORACIÓN

Primero haz un puré de puerros. Para ello corta el puerro y el calabacín en rodajitas y ponlo en la olla con la mantequilla, sal y pimienta blanca. Rehógalo un poquito, cúbrelo con caldo y déjalo cocer hasta que se quede blando. Después, pásalo por la batidora hasta hacer un puré. Si quieres, se puede añadir un poco de leche semidesnatada para aclararlo.

A continuación, pocha la cebolla en una sartén con aceite hasta que quede blandita y añádele la carne salpimentada (con pimienta negra) hasta que esta haya perdido el color rojo.

En una fuente de cristal, pon una capa de berenjenas crudas y cúbrela con una capa de tomate frito. Encima añade otra capa a base de carne y cebolla y cúbrelo todo con el puré de puerros. Repite el procedimiento hasta conseguir tres capas.

Para terminar, puedes añadir una cucharadita de postre de queso grana padano o parmesano molido.

Diez claves para una alimentación sana

1. Dieta equilibrada. Nadie vive en una burbuja y, como dice la nutricionista Laura Pire: «la semana tiene más de veintiuna comidas, si quince las hacemos equilibradas, ¿qué hay de malo en darse algún capricho en las seis restantes?». El ejercicio te ayudará a «quemar» y, además, de forma natural empezarás a beber más. Harás cinco comidas en lugar de tres —tendrás más hambre—, pero, curiosamente, no engordarás porque, comiendo poco en varias tomas, mantendrás estables los niveles de insulina y evitarás esos picos de azúcar, responsables de que no puedas evitar ir a la máquina a por quicos o patatitas.

2. Apuesta por el *Fast Good.* Para no caer en la tentación de comer mal o aplacar el hambre con cualquier cosa, intento tener las verduras siempre listas. Suelo comprar la verdura fresca (y de temporada), la limpio, la corto y la congelo en bolsas individuales. Luego, la hago al vapor en la olla exprés, con el Varoma de la Thermomix o en los prácticos recipientes de silicona platino de Lékué, que pueden usarse en el microondas. Tardas lo mismo en llamar al chino que en hacerte unas verduras al vapor con algo de proteína, como salmón o pollo.

3. Di no a los productos *light* o bajos en grasas porque lo quitan de un sitio para poner en otro —suelen incorporar muchos azúcares para compensar la falta de sabor—. Recuerda que pueden tener un 30 por ciento menos de calorías, pero no necesariamente menos azúcar, así que es preferible la ver-

sión original del alimento que su versión *light* repleta de azúcar y sal.

4. Planifica las comidas para que tu nevera no haga eco. Envasar al vacío es un método estupendo para preservar los alimentos y que no se estropeen.

5. Opta por las versiones integrales. Por ejemplo, entre el arroz blanco y el integral opta siempre por el segundo. No está tan procesado, ya que no le han quitado el salvado (la cáscara que cubre el grano), que es donde está toda la fibra. Aunque los dos tienen la misma cantidad de calorías, el integral, menos refinado, es de absorción lenta y sacia más.

6. Olvídate de los «sin»... Sin lactosa, sin gluten, son los *hits* del supermercado. En el caso de la leche, si solo tomas un vaso al día y le quitas la lactosa estás dificultando la absorción del calcio. Además, si realmente tienes una intolerancia a la lactosa, es muy probable que sufras una diarrea terrible que te imposibilite hacer una vida normal. Por otro lado, el gluten es una proteína que está en los cereales y que a los vegetarianos, por ejemplo, les proporciona una buena base de proteína. Los productos sin gluten son solo para los celíacos y algunas personas con sensibilidad, el resto no tenemos que eliminarlo de la dieta y menos aún pagar más por ello. Recuerda que estos productos son más caros.

7. Come despacio porque así comerás menos. Tu cerebro tarda unos 20 minutos en saber que estás saciada. Confieso que en este punto yo tengo que seguir trabajando (¡nadie es perfecto!).

8. Apuesta por los caldos y las infusiones porque ayudan a que ingieras hasta 100 calorías menos gracias a su efecto saciante. Una sopa o crema de verduras antes de cada comida son una opción estupenda. Recuerda que al té o las infusiones no se les debe echar azúcar porque neutraliza su efecto antioxidante.

9. Dale un *twist* a tu despensa. Ya sabes que en la variedad está el gusto. No comas siempre lo mismo, intenta innovar incorporando a tu dieta nuevos ingredientes, como frutos y semillas con alto valor nutricional.

10. No te saltes las comidas. Está comprobado que las personas que no desayunan ingieren hasta 100 calorías más al día. Lo ideal es comer cada tres horas, en total cinco comidas al día.

La hidratación

Lo que nos cuesta beber agua y lo importante que es. El agua interviene en todos los procesos celulares del organismo y, entre otras muchas funciones, regula la temperatura corporal, facilita la digestión y lubrica las articulaciones. Sin embargo, hay quien solo bebe cuando tiene sed. Mal hecho, porque llegados a ese punto ya estarás deshidratada.

Para coger el hábito, nada como tener siempre a mano la botella para ir «empinando el codo» a lo largo del día. En la mesa de la oficina tengo siempre dos botellas de plástico sin PBA (libres de bisfenol A, un compuesto que se utiliza para endurecer el plástico y que para muchos expertos es tóxico), que voy rellenando para no olvidarme de beber a pequeños sorbos a lo largo del día.

Aunque el agua cumple las mismas funciones en personas activas que en sedentarias, es aún más vital si cabe en el caso de los deportistas. La contracción muscular y el ejercicio en días calurosos elevan mucho la temperatura corporal y, para reducirla, el cuerpo rompe a sudar. Consecuencia: perdemos agua a un ritmo más rápido. Por eso es importante que, si corres, bebas con más frecuencia y sin esperar a tener sed.

¿Cómo sé si estoy deshidratado? No hace falta más que echar un ojo a tu orina. Cuanto más clara mejor. Si está muy amarilla y concentrada, es señal inequívoca de que estás deshidratado.

Por norma general, las mujeres deberíamos beber unos ocho vasos de agua al día (2000 ml), pero si haces deporte debes aumentar la cantidad. Ese ratio varía de unas personas a otras, porque hay que tener en cuenta tu peso, altura, lo activa que eres y cuánto sudas.

Cuatro horas antes de una carrera, las chicas deberíamos beber de dos a tres vasos de agua y no ingerir ningún líquido en los 20 minutos previos a la prueba, para así no tener ganas de orinar durante esta. Os juro que no hay nada peor que hacerse pis mientras corres. Bueno, quizá sí...

Para carreras que son de una hora o menos, nada como beber agua al terminar porque, aunque a través del sudor se pierde sodio, potasio y otros nutrientes, es una cantidad mínima que se recupera fácilmente a través de la dieta. Si la carrera o el entrenamiento superan los 90 minutos, entonces es conveniente optar por una bebida deportiva rica en carbohidratos.

El supermercado y las tiendas deportivas tienen propuestas para todos los gustos y en todo tipo de formatos, así que muchas veces es complicado saber cuál elegir. Como regla general, evita las que solo están hechas con fructosa, porque se absorben más lentamente que la glucosa y pueden causar molestias gastrointestinales. Opta mejor por aquellas que tengan una concentración de un 6-8 por ciento de hidratos de carbono, ya que no solo proporcionan energía, sino que ayudan a reponer las reservas de glucógeno y a mantener estables los niveles de glucosa en sangre mientras aceleran la asimilación del agua. En cambio, si superan el 10 por ciento de carbohidratos, se retrasaría el vaciamiento gástrico y la absorción de agua. Consecuencia: podrían producir diarrea y molestias gastrointestinales.

Stretch, baby stretch

Cuando uno empieza a correr termina haciendo un curso avanzado de anatomía. Yo antes no tenía ni idea de qué era la pata de ganso, los soleos o el psoas, pero, irremediablemente, con tantos kilómetros en las zapas, en algún momento llegan las temidas sobrecargas. Muchas veces están producidas por no estirar de forma adecuada, así que, en la medida de lo posible, siempre intento dedicarle 10 minutos a estirar después de la carrera.

Solemos ir tan aceleradas que, en cuanto terminamos las series, los cambios de ritmo o lo que nos toque, no trotamos ni volvemos a la calma. Llegamos a casa, rápidamente a la ducha y a la carga con el otro maratón de tareas pendientes (niños, cenas y otras responsabilidades varias). Sin embargo, antes de dar por finalizado el ejercicio siempre (¡siempre!) hay que trotar un rato, unos 8 o 10 minutos, para ir recuperando el pulso poco a poco.

Yo nunca llego a la puerta de casa corriendo. Intento caminar unos 200 metros para ir recuperando; nada más entrar por la puerta, me quito el pulsómetro y la camiseta húmeda; me pongo una seca y estiro. Normalmente sigo la misma rutina para no olvidarme de ningún grupo muscular. Cada *runner* es un mundo, por lo que habrá zonas que tengas que estirar más que otras. Por ejemplo, en mi caso tengo que prestar bastante atención a los soleos y los isquiotibiales (la cara B de los muslos), así que insisto más en esas zonas. Quizá tu punto débil sea el piramidal, etc. Las gomas son increíbles para ayudarte a estirar, aquí te enseñaré a usarlas para estirar algunas zonas como los isquios.

Cinco consideraciones sobre los estiramientos

1. Estirar es importante, así que no te lo saltes. Correr provoca rigidez y reduce la flexibilidad de nuestros músculos. Además, cuando corremos lo hacemos siempre en una misma dirección, así que el ángulo articular se reduce. Por eso es importante trabajar todo el rango de movimiento de nuestras articulaciones y músculos con los estiramientos.

2. ¿Cuándo estirar? Esta es la eterna duda. Nunca lo hagas en frío. Es mejor calentar con un ligero trote como explica el preparador físico Ángel Merchán, de Home Wellness Madrid: «Existen diversas investigaciones recientes que parecen indicar que el estiramiento pasivo previo a la actividad deportiva no está indicado, porque relaja en exceso la musculatura y puede haber un riesgo de lesión, sobre todo en deportes más explosivos». En su lugar, Merchán recomienda realizar estiramientos «balísticos», en los que se estira la musculatura «con movimientos que impliquen velocidad y que alcan-

cen rangos articulares amplios durante un instante, por ejemplo, simulando una patada a un balón de fútbol».

3. Recuerda que, si hay dolor, estás estirando en exceso. La respiración también es importante. Verás que, si al bajar sueltas el aire, te resultará más fácil. Nunca contengas la respiración.

4. No busques ser capaz de hacer el «espagat» o el «sapo». La meta es reducir la tensión muscular para lograr una mayor facilidad en el movimiento. «Mantén la posición del estiramiento durante 20 o 30 segundos sin realizar rebotes», aconseja Merchán.

Estiramientos básicos

Cuádriceps de pie

De pie, dobla la rodilla hasta llevar el talón al glúteo de manera que percibas el estiramiento del cuádriceps. Así relajas la tensión de estos músculos tan demandados en el *running*.

Cuádriceps tumbada

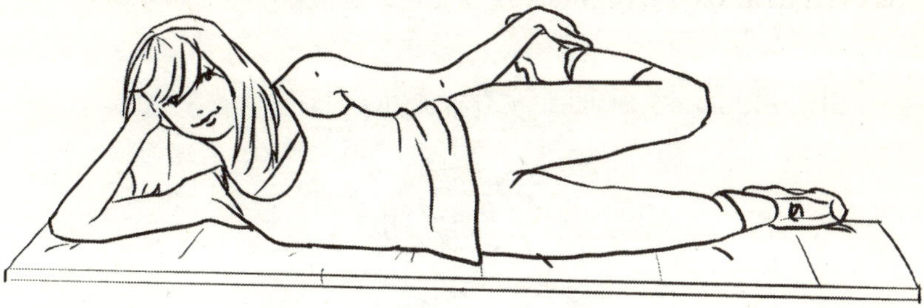

Para estirar el cuádriceps puedes hacerlo, aparte de de pie, como hemos visto antes, tumbada sobre un costado. Dobla la rodilla, llevando el talón hacia el glúteo, hasta que notes el estiramiento en el cuádriceps.

Aductores

Sentada, enfrenta las plantas de los pies y sujétalas con las manos. Lleva las dos rodillas hacia el suelo hasta percibir estiramiento en los aductores.

Con este movimiento conseguirás relajar la tensión de los aductores, unos músculos que se trabajan mucho en el *running*, sobre todo cuando hay cambios de dirección frecuentes o terrenos embarrados o irregulares.

Isquiotibiales, romboides y trapecio

Sentada, coge con una mano el exterior del pie contrario, agarrando la suela de la zapatilla. Vete estirando dicha pierna hasta notar cómo la zona alta de la espalda, justo entre los omóplatos, se estira. También percibirás cómo se estiran los isquiotibiales.

Así relajas la tensión de la musculatura que se encuentra entre los omóplatos, romboides y trapecio. Estos músculos se cargan especialmente en las mujeres y es muy recomendable fortalecerlos, sobre todo si pasas muchas horas frente al ordenador.

Este estiramiento es de mis favoritos, porque la zona de las escápulas se me suele cargar mucho. Como me explica Ángel, el centro de gravedad en las mujeres está ligeramente adelantado a causa del pecho, por eso se nos carga más la espalda. Además, las horas de oficina tampoco ayudan. Con frecuencia, mientras corro, noto cómo se tensa esta zona de la espalda. Así que este estiramiento no me lo salto.

Glúteos y columna tumbada

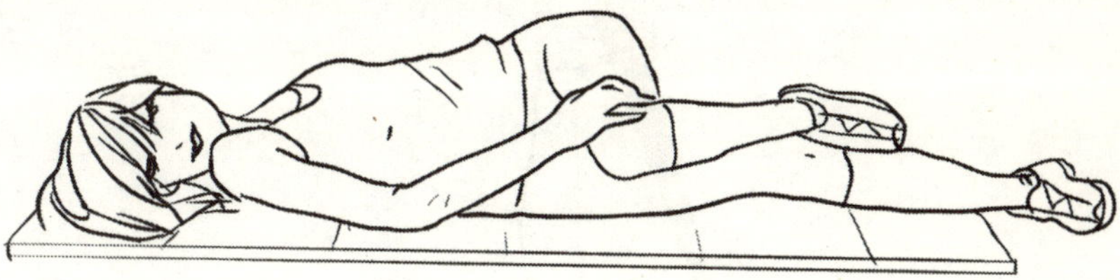

Tumbada, estira una pierna y dobla la otra mientras la cruzas. Gira la columna hasta que la rodilla doblada toque el suelo o percibas el estiramiento. Haz presión con el brazo en la rodilla para así estirar el glúteo y girar más la columna.

Relajarás la tensión de los glúteos y rotadores de columna, un grupo de músculos muy trabajados, sobre todo cuando corremos en terrenos con mucha cuesta arriba.

Glúteos y columna sentada

Sentada, estira una pierna y dobla la otra cruzándola. Gira la columna en dirección a la pierna doblada. Haz presión con el brazo para estirar el glúteo y girar más la columna. Es importante mantener la columna erguida en todo momento. ¡Saca pecho!

Isquiotibiales con gomas tumbada

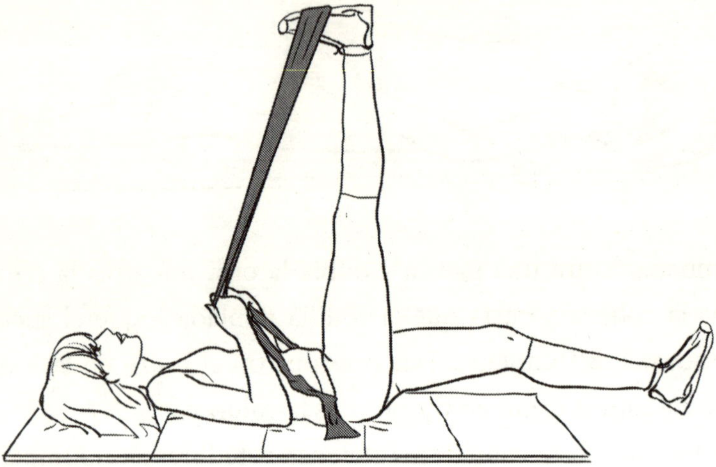

Tumbada coloca la banda elástica por debajo del pie y extiende la pierna tirando de ella hacia ti con la goma.

Este es uno de mis estiramientos favoritos, porque descarga un montón uno de mis puntos débiles.

Psoas

Mueve una pierna hacia delante y asegúrate de tener alineado el tobillo y la rodilla. Retrasa la otra pierna todo lo que puedas y apóyate sobre la rodilla. En esta posición haz fuerza para acercar la pelvis hacia el suelo. Si eres muy flexible, es conveniente elevar el tronco y arquear la espalda hacia atrás.

Soleo

Busca una pared para apoyar las manos y retrasa la pierna que quieres estirar. Mantén todo el pie en apoyo con el suelo y dobla la rodilla hasta que notes el estiramiento en la zona baja del gemelo y cercana al talón.

Tensor de la fascia lata

De pie o apoyada de lado a una pared, cruza la pierna que quieres estirar por detrás de la otra apoyando el exterior del pie (como si te lo estuvieras torciendo). Inclina el tronco hacia el mismo lado hasta que notes el estiramiento en la zona lateral de la cadera (también notarás cómo se estira la musculatura lateral del tronco).

7

Soy Una Entre Cien Mil

Hasta diciembre de 2012, no sabía absolutamente nada de la leucemia infantil. De hecho, no conocía ningún caso. Pero un día, mi amiga Amaya me dijo: «Mitre, tengo una cosa para ti que te va a gustar. Un proyecto solidario para los que corréis». Aunque no lo dijo, sé que pensó «para esos locos que corréis». Así que, una vez más, Amaya fue la mecha que hizo prender la llama. Me metí en la web de Uno Entre Cien Mil (www.unoentrecienmil.org) y eché un ojo a su Proyecto Corre (www.unoentrecienmil.org/proyecto-corre).

Desde el principio, la idea me entusiasmó. Podías hacer que tu entrenamiento diario fuese como una carrera luciendo uno de sus dorsales solidarios para la investigación de la leucemia infantil. Era muy sencillo, a través de su web o por SMS (enviando las palabras *Ayuda Corre* al 28099), y por tan solo un euro, te enviaban uno de sus dorsales para que lo lucieses en tu brazo.

Decidí que ese año participaría en la carrera de Paracuellos ayudando a la causa. Ese primer dorsal era el número 1208 y, desde entonces, a todas las pruebas a las que he ido siempre he llevado en mi brazo un dorsal de Uno Entre Cien Mil (lo renuevo cada vez que corro una prueba o para cada quedada de Mujeres que Corren).

El 10 de noviembre de 2010, Guzmán Carnero, con tan solo tres años, fue diagnosticado con leucemia linfoblástica aguda, una enfermedad que afecta solo a tres de cada cien mil niños. En el 80 por ciento de los casos la enfermedad se cura, pero el tratamiento es muy agresivo. Al día siguiente del diagnóstico, Jose, padre de Guzmán, decidió abrir un blog contando el día a día de la enfermedad de su hijo, con la vocación de que fuese «un motor de ilusión, esperanza y fe». El blog se llama *Uno Entre Cien Mil* y fue el germen de lo que hoy es la fundación.

Cuando empecé a correr abanderando la leucemia infantil, no conocía a Jose ni a Guzmán, no sabía absolutamente nada de sus vidas, no nos habíamos visto, ni tan siquiera habíamos hablado por teléfono o intercambiado un correo electrónico. No conocía sus caras ni sus voces. Solo había escuchado la cantarina risa de Guzmán a través de un vídeo que había colgado su padre en el blog. Me conmovió esa risa, pero, sobre todo, el poderoso mensaje de Jose. Él no se paró a pensar en el porqué de la enfermedad de Guzmán. Lo que hizo fue buscar un para qué. Demostró, además de una generosidad increíble, que el dolor no siempre implica algo malo y que el sufrimiento se puede convertir en una poderosa fuerza catalizadora que transforme el mundo. Y yo quería formar parte de aquello y acompañarlos en el camino.

Admiro a Jose Carnero porque fue capaz de trascender su propio dolor, porque dio un paso más allá y quiso encontrarle un sentido a la enfermedad (algo muy difícil); y lo hizo mientras la combatía y sin saber cómo sería el desenlace. Le movía una fuerza poderosa llamada *esperanza*. Afortunadamente, Guzmán ha superado la enfermedad, pero Jose, desde la fundación Uno Entre Cien Mil, sigue en la batalla e incluso saca tiempo para dar apoyo a aquellos padres que acaban de recibir el fatídico diagnóstico. Tiene claro que sin investigación no habrá cura y ahí está la lucha: lograr un estudio que pueda erradicar la enfermedad.

No conocí a Guzmán hasta la segunda quedada de Mujeres que Corren en el mes de marzo de 2013. Le di un beso y le conté un secreto: «Cuando seas mayor y les digas a las chicas que un día trescientas mujeres corrieron por ti en el parque del Retiro, no sé si te van a creer».

De esa segunda quedada hay una foto que me emociona mucho. En ella se ve a Guzmán montado en su bici y detrás de él una marea de mujeres corriendo. Solo por ese recuerdo todo este esfuerzo habrá merecido la pena.

Hoy, acompaño a la fundación como cualquiera de mis Mujeres que Corren. Como todas ellas, soy Una Entre Cien Mil y hago que mis kilómetros cuenten en la investigación de la leucemia infantil. Sé que uno solo no puede luchar contra la leucemia, pero cien mil mujeres juntas sí y vamos camino de lograrlo.

No tengo hijos, pero en su día fui una hija enferma (con veinticinco años tuve cáncer de ovarios) y sé el inmenso dolor que sintieron mis padres y mi familia el día que la palabra *cáncer* apareció en nuestras vidas. Han pasado más de once años de aquel 12 de diciembre, el día que recibí mi diagnóstico, y aunque la enfermedad está más que superada, sé el angustioso miedo que sigue atenazando a mis padres cada vez que paso una revisión.

Quizá lo lógico hubiese sido unirme a una causa relacionada con el cáncer ginecológico, pero nunca he encontrado la energía para hacerlo. Sin embargo, siempre cuento mi historia y hablo sin tapujos sobre la enfermedad. Para mí funciona como un ejercicio catártico, me ayuda a quitarle drama y de paso hago campaña a favor de la detección precoz. Todas las mujeres debemos hacernos revisiones periódicas con nuestro ginecólogo y tomar nota de que el ejercicio y la alimentación sana son potentes armas de prevención. No oculto la experiencia porque, aunque fue duro y hay veces que preferiría no recordarlo, también espero poder inspirar a aquellas mujeres que ahora mismo pasan por el trago.

Tras mi operación, cuando apenas tenía energía y era imposible caminar recta por los puntos, me hubiese parecido de ciencia ficción correr, aunque fuese 5 minutos. Ahora soy esa *superwoman,* una superviviente feliz que ha descubierto en el ejercicio el remedio a todos sus males. Cuando estoy triste, agobiada por el día a día, cuando ese pensamiento recurrente no abandona mi cabeza o cuando, de repente, ese miedo tenaz a volver a enfermar se apodera de mi mente y de mi cuerpo, las zapatillas me devuelven a la realidad, son como esa nana que logra serenarme.

Hay que hablar de cáncer y dejar de estigmatizar la enfermedad. Las estadísticas apuntan a que una de cada diez europeas va a desarrollar un cáncer en su vida. Debemos hablar de él como una enfermedad más y, sobre todo, encaminar la lucha hacia la prevención.

Hay cosas, como nuestro ADN, que no podemos cambiar, pero está en nuestras piernas el dejar de ser sedentarias. Esa es la otra causa que promueve el movimiento Mujeres que Corren: no importa cómo te muevas, sino que te muevas. En nuestras quedadas aceptamos todos los niveles: desde las que no han corrido nunca, pero quieren intentarlo, hasta las que son capaces de correr 10 kilómetros y «son unas máquinas». No organizamos carreras, sino quedadas.

Sé que muchas chicas se sienten intimidadas por las pruebas populares, tienen miedo de llegar las últimas y les da vergüenza correr. Por eso nuestras reuniones son una estupenda oportunidad para todas ellas. Además, el ejemplo de las que ya corren les sirve de espejo en el que mirarse. Las anima porque las otras son la prueba de que, si quieres, puedes. Como dice mi madre: «Hija, es que terminan de correr superestimuladas». Esa es la clave del éxito. Corremos juntas para superar barreras y pasar un buen rato. No hay meta, ni crono, ni ritmos, y eso para muchas mujeres supone una liberación enorme.

Si el objetivo era animar a las mujeres a hacer deporte, soy consciente de que podría haber elegido cualquier otra actividad, desde la zumba, pasando por el yoga, pero personalmente he encontrado en el *running* una actividad física que no solo me ayuda a estar más sana, sino que me da energía y, sobre todo, me produce una satisfacción enorme. Hace que me sienta poderosa. Ser capaz de lograr algo que creías imposible, como correr 5 kilómetros o un maratón, hace que la confianza en ti misma crezca sin límites.

Sí, no cabe duda, darle a la zapatilla ahora es *cool,* pero no creo que estemos ante una moda pasajera. La actividad física debe ser asignatura obligatoria en nuestro día a día. *My ladies,* hay que moverse. Como explican desde la Asociación Española Contra el Cáncer (www.aecc.es), el 75 u 80 por ciento de los cánceres pueden atribuirse a factores externos que, por lo general, podemos modificar haciendo que disminuya el riesgo de desarrollar la enfermedad. ¿Cómo? Dejando de fumar si todavía lo haces y adquiriendo hábitos de vida saludables, es decir, dieta sana y ejercicio.

Lo reconozco, con el tabaco me he vuelto muy intransigente (palabra de exfumadora), pero es que los datos son contundentes: el 30 por ciento de los cánceres, el 20 por ciento de las enfermedades cardiovasculares y el 80 por ciento de las enfermedades pulmonares obstructivas crónicas (EPOC) están producidas por el consumo de tabaco. Y no lo digo yo, son datos de la Asociación Española Contra el Cáncer.

Como explica el doctor Antonio Martín González, jefe del Servicio de Oncología Médica del MD Anderson Cancer Center de Madrid, «el tabaco es una droga. La nicotina tiene un poder de adicción igual que el de la heroína. Además, contiene hasta 40 000 sustancias que son tóxicas y hasta 62 que provocan cáncer. Hay que dejar de fumar, no hay vuelta atrás». Y un último dato: una persona que consume un paquete de cigarrillos al día se gasta al año alrededor de 1460 €. Aparte de insano, es un vicio caro; la de productos de belleza y zapatillas que da para comprarse al abandonar el hábito.

Sé que los datos y las estadísticas parecen no funcionar con muchas mujeres que tienen apego al cigarrillo y, en el fondo, seamos honestas, muchas no fuman por placer, sino por miedo a engordar. Pues a todas ellas quiero pedirles que apuesten por el ejercicio y experimenten la tremenda liberación que supone no ser esclava de la nicotina. La actividad física genera endorfinas, te ayudará a controlar la ansiedad y, además, cuando seas capaz de correr no querrás contaminar tus pulmones.

Además de dejar de fumar y activarnos a través del ejercicio, hay un tercer caballo de batalla: evitar la obesidad. Como explica el doctor Antonio Martín González, «está relacionada con el desarrollo de casi todos los tipos de cáncer. En el caso de la mujer, especialmente, en el de endometrio y mama. Hacer deporte de forma regular reduce el cáncer de mama entre un 14 y un 29 por ciento y, en mujeres que ya han tenido la enfermedad, solo caminar ligero, tres horas a la semana, reduce el riesgo de recaída prácticamente a la mitad».

Hay quien piensa que el cáncer te cambia o te da una lección de vida. A mí quizá me enseñó a ser agradecida, a exprimir el presente y, sobre todo, a disfrutar de mi cuerpo. Una vez superada la enfermedad, tardé casi cinco años en descubrir el *running*, pero espero que me acompañe el resto de mis días. Cada carrera, cada entrenamiento, para mí es un festejo de vitalidad. Cuando corro pongo mi corazón a prueba, exijo a mis pulmones y músculos que hagan un trabajo extra y, además, obligo a mi mente a ignorar la sensación de dolor y sufrimiento. Sí, mis marcas son modestas, pero cada paso por meta para mí es una victoria, en el fondo, es una celebración de la vida.

No voy a decir que vivo sin miedo, porque mentiría. En estos once años en varias ocasiones he vuelto a experimentar esa angustia irracional que te paraliza y te atenaza el alma, pero estoy convencida de que, si algún día la enfermedad vuelve a llamar de nuevo a mi puerta, me tendrá bien pertrechada para hacerle frente. El cáncer de mama va íntimamente ligado al de ovarios y es una posibilidad con la que convivo día a día. Aunque no puedo luchar contra mi propio ADN, puedo optar por la prevención. No fumo, hago ejercicio e intento llevar una vida sana. Aún así, quizá no me libre de estar en la estadística, pero, mientras lo intento, disfruto de la vida y me siento bien. ¿Te unes a mi banda?

Running solidario

Siempre tuve la inquietud de colaborar con alguna ONG, pero al final parece que todos tenemos el mismo problema: creemos que no tenemos tiempo. Sin embargo, mientras corres y haces ejercicio puedes colaborar con una buena causa. Siempre digo que correr te hace el corazón más grande en todos los sentidos.

Con mi dorsal[1] de Uno Entre Cien Mil no solo ayudo económicamente a la fundación, también hago visible un problema: la falta de investigación. En España no se investiga la leucemia infantil desde 2010, y si se quiere erradicar la enfermedad, lo primero que hay que hacer es conocer bien al monstruo para luego aniquilarlo. En esos 5, 10 o 21 kilómetros de carrera todo el que pasa a mi lado puede ver mi dorsal de Uno Entre Cien Mil y, a la mínima oportunidad, hago proselitismo de mi causa y cuento mi historia para que luego otros la cuenten por mí. Aunque a veces parezco un disco rayado, es la campaña de comunicación más eficaz y más barata que existe.

Cuando empecé a correr no me movía ninguna causa solidaria, pero ahora me produce mucha satisfacción dedicarle mis kilómetros a alguien que quizá no puede hacerlo. En una de las quedadas de Mujeres que Corren en Gijón, una madre me dijo algo que me conmovió. Me dio las gracias por llevar el movimiento a su ciudad (que también es la mía) y hablar sobre la leucemia infantil. Esa madre no tenía un hijo enfermo de cáncer, pero sí una hija con una parálisis cerebral. Me estaba dando las gracias por hacer visibles a todas esas mamás que sufren la enfermedad de un hijo, por estar allí corriendo con ellas y diciéndole al mundo entero que sí nos importa por lo que están pasando.

Hay muchas madres con niños enfermos de leucemia que no

---

1. Para obtener tu dorsal edición especial *Mujeres que Corren* entra en la página web www.proyectocorre.org. En el apartado «Consigue tu dorsal» rellena el formulario, y en el campo «código promocional» introduce MQCbyCRISMITRE.

saben quién soy, ni que corro por sus hijos, pero me da mucha fuerza acordarme de ellos en el arco de salida de una carrera. Pienso en Guzmán, en Miguel (compañero de fatigas de Guzmán, cuya mamá, Sonia, es una de las nuestras) y en todos esos niños enfermos y les envío un poco de fuerza. No puedo aliviar su dolor ni el de sus familias, pero sí correr por ellos.

En países como Reino Unido correr por una *charity* (una ONG o fundación) es práctica habitual y hay muchas webs que gestionan las donaciones. De hecho, el nombre del famoso maratón de Londres (Virgin Money London Marathon) ya deja claro su vocación solidaria. Es el evento anual más grande del planeta para recaudar fondos y, de hecho, es sin ánimo de lucro. Para poder participar en la prueba lo habitual es que el corredor se comprometa a recaudar fondos para una causa solidaria, desde el cáncer de próstata hasta la distrofia muscular. Yo lo corro este año a favor de Uno Entre Cien Mil.

En España, todavía nos queda un largo camino por recorrer porque los esfuerzos suelen partir de iniciativas personales, pero quién sabe, quizá este sea el comienzo del cambio.

El doctor Valentín Fuster, en su libro *El círculo de la motivación,* habla del altruismo y dice que «cuando somos solidarios y nos unimos a un equipo para mejorar las vidas de los otros, nuestra motivación y energía aumentan, la tristeza y la depresión disminuyen y nuestros problemas se ven desde una perspectiva muy distinta». Poco después añade: «Soy altruista por conveniencia, no hay nada más conveniente que dar y recibir». No puedo estar más de acuerdo, hacer algo por el otro te ayuda a ver más allá de tu propio ombligo, a ser consciente de lo afortunado que eres y a dejar de vivir en la queja perpetua.

En definitiva, ser altruista nos sienta bien porque mejora la imagen que tenemos de nosotros mismos.

Si yo corro, tú también puedes

No sé a cuántas mujeres habrá contagiado mi fiebre *runner*. Primero fue mi amiga Clara, luego mi hermana María, más tarde algunas compañeras de trabajo, hasta llegar a miles de mujeres a través de las redes sociales.

Aunque mi madre me dice que con tanto Internet cualquier día me secuestran, lo cierto es que sin el poder movilizador de Twitter, Facebook, Instagram y mi propio blog (thebeautymail.blogs.elle.es), Mujeres que Corren jamás hubiese existido.

Tras convencer a mi entorno más cercano de los beneficios de correr, llegó un momento en que me planteé un reto: si convoco a todas las mujeres de Madrid a correr conmigo, ¿cuántas vendrían? Así que, como la unión hace la fuerza, les propuse a tres amigas que me acompañasen en la aventura.

Eva María Tomé es editora gráfica y nos conocimos a través de un concurso para corredoras que convocamos en la revista *ELLE*. El premio era el siguiente: una afortunada lectora conseguiría un plan de entrenamiento más una estupenda equipación deportiva para enfrentarse a la Jean Bouin, una carrera de 10 kilómetros en Barcelona y todo un clásico en el calendario *runner* popular. Para la mayor parte de la redacción aquel premio era lo más parecido a la tortura china, pero a cientos de decididas lectoras les pareció el superplán y, entre todas las chicas que se presentaron, Eva fue la ganadora.

Durante varios meses, Eva contó con la ayuda de la atleta Tamara Sanfabio (campeona de España de maratón en 2011 y récord de España en 2000 obstáculos) para preparar la prueba. Me uní a uno de sus entrenamientos en el parque del Retiro y

Amaya Sanfabio —melliza de Tamara—, que también le pega a la zapatilla con mucho brío, se unió a nosotras.

Pasaron los meses desde aquel primer encuentro en el que prometimos repetir entrenamiento. Un día, a través de WhatsApp, les propuse quedar las cuatro a entrenar en el Retiro, pero no solas: quería convocar a todas las mujeres de Madrid a que se uniesen a nosotras. Sinceramente, pensé que me iban a decir que estaba loca, pero a todas les gustó la idea y la verdad es que se emocionaron tanto o más que yo.

Después de cientos de mensajes, montamos la primera quedada para el 1 de febrero de 2013 en el parque del Retiro en Madrid. Era un viernes por la tarde a las cuatro y media, una hora malísima porque las mamás tienen que recoger a los niños del cole (luego rectificamos y la siguiente decidimos celebrarla un sábado por la mañana). Acordamos que deberíamos admitir todos los niveles, desde las que no corrían desde COU hasta las que eran capaces de hacer un maratón. Por eso montamos tres grupos:

- «No he corrido nunca, pero quiero intentarlo», que iría conmigo combinando la marcha y la carrera hasta completar 2 kilómetros.
- «Corro 5 kilómetros y quiero más», que correría alrededor de 4 kilómetros y sería el grupo de Amaya.
- «Corro 10 kilómetros y soy una máquina», el tercer grupo, liderado por Tamara.

Eva estaría siempre detrás del objetivo capturando con su buen ojo los mejores momentos.

Además, les enseñaríamos a estirar y algo de técnica de carrera y, como traca final, organizaríamos un sorteo solidario. En la primera quedada, para participar en la tómbola les dimos una papeleta con un número, pero a partir de la segunda, para poder participar en el sorteo deberían venir con el dorsal de Uno Entre Cien Mil, para la investigación de la leucemia infantil, y entregarlo. Nos harían entrega del dorsal y con ese número entrarían en el sorteo de material deportivo, productos de belleza, etc. Después de diez quedadas, el planteamiento sigue siendo el mismo.

Para dar difusión al evento tiramos de contactos para viralizar nuestro mensaje, de mi blog y de varias webs. Periodistas conocidos, como Carme Chaparro, se hicieron eco de la iniciativa y las redes sociales obraron el milagro. A esa primera quedada vinieron 75 mujeres. Un mes más tarde, convocamos la segunda y asistieron más de trescientas *runners*. Literalmente, colapsamos el parque del Retiro.

Después de la primera quedada, abrí una cuenta en Twitter (@MQCbycrismitre), una página en Facebook (Facebook/mujeresquecorren) que reúne a diario a más de 10 000 mujeres (probablemente, cuando estés leyendo este libro ya hayamos rebasado con mucho esa cifra) y, recientemente, una web (www.mujeres-que-corren.com). Han pasado ya muchos meses desde aquel mágico 1 de febrero. De media, a nuestras quedadas suelen venir más de 200 mujeres; hemos celebrado el primer Chotis Run de la Comunidad de Madrid (con baile, rosquillas y barquillero incluido); y contamos con el inestimable apoyo de la Dirección de la Mujer de la Comunidad de Madrid y el programa Dona en Barcelona. Incluso nos hemos ido de *running tour;* nuestra primera parada fue Gijón, luego vino Bilbao y más tarde Barcelona.

Han sido meses muy intensos, porque organizar semejante logística no es fácil. Seguimos siendo un movimiento que se nutre solo de la energía y la pasión de sus integrantes, por lo que, cuando nos desplazamos, hay que pedir muchos favores y convencer a organismos públicos y otras entidades para que apoyen nuestra causa y nos ayuden a hacer llegar el mensaje. Sin la ayuda de nuestras mujeres que corren, el *running tour* hubiese sido inviable. Loli, Marian, Carmen, Bego, Carol, Esther, Antonia y también nuestros chicos David, Sergio, Santi, Rafa, quienes creyeron en el mensaje, y con empeño, y de forma totalmente altruista, pusieron toda su energía para que pudiésemos desplazarnos del norte al sur pasando por el este de España.

Es maravilloso comprobar cómo una buena causa provoca que la gente se mueva y eche una mano de forma totalmente desinteresada, sin esperar nunca nada a cambio. Sí, lleva tiempo, pero es mucho lo que recibimos, sobre todo yo, porque todos los martes y los jueves, desde ese pequeño rincón virtual que es mi blog, con el café en mano, me comunico con muchas de esas mujeres.

Les cuento mis historias, intento motivarlas y darles ese pequeño empujoncito que a veces les falta para limpiarse la cara antes de irse a dormir o coger un par de bayetas y ponerse a hacer gimnasia en la cocina. También ellas me han contado sus historias (y muchas me han emocionado hasta las lágrimas), me han confesado sus inquietudes, miedos y algunas de sus dudas, que no difieren demasiado de las que yo tenía cuando empecé con esto del *running*.

Aunque no siempre puedo contestar a todos los mensajes que me llegan a través del blog y redes sociales (es lo que tiene ser tu propia *community manager*), quiero que mis queridas lectoras sepan que las escucho, que son fuente inagotable de inspiración y que sus ánimos, y también las críticas, son el motor que mueve mi aventura 2.0 y este movimiento.

Mujeres que Corren me ha dado mucho más de lo que yo jamás podré devolver a esas miles de chicas. Mi grupo de amigas se ha multiplicado. Hay muchas que me acompañan fielmente desde la primera quedada y que nunca fallan, llueva o haga sol, incluso no han dudado en unirse a la *troupe* cuando hemos visitado otras ciudades. Sienten que forman parte del movimiento y se identifican con los valores que representa (amistad, solidaridad, vida sana…).

En todas las fotos veo mujeres con los brazos en alto, riendo y celebrando el poder disfrutar de sus cuerpos y de su tiempo en compañía de otras chicas, sudadas pero siempre felices. Todas somos mujeres que un día decidimos demostrarnos a nosotras mismas que querer es poder y que no necesitamos más que unas zapatillas para vivir la vida sin miedo. Subidas a las alas no conocemos límites porque correr muscula nuestro cuerpo y nuestro corazón, pero, sobre todo, nuestra fuerza de voluntad. Es cierto que no hay más límite que el que una misma quiera ponerse, y nosotras corriendo somos libres.

No sé qué nos deparará el futuro, ni el devenir de Mujeres que Corren. Surgió de forma tan inesperada y espontánea que vivo el presente y mi objetivo no es otro que lograr que mi mensaje llegue a cada rincón de España. Quizá, sin proponérmelo, me he convertido en la Juana de Arco del *running* en versión 2.0.

Pase lo que pase en el futuro, siempre recordaré las palabras de muchas de esas chicas que se enamoraron del *running* a través de mi blog, como Loli, quien me ha confesado que la primera quedada de Mujeres que Corren le cambió la vida, o Almudena, que a punto estuvo de hacerme llorar cuando aquel viernes 1 de febrero me dijo que gracias a mí había descubierto el *running* y le había ayudado a superar un problema personal. Son muchas las historias, los buenos momentos, las risas. No podré olvidarlo nunca.

Mujeres que me inspiran. La historia de Kathrine Switzer

La primera vez que oí hablar de Kathrine Switzer fue a través de Facebook. Alguno de mis amigos había colgado en mi muro la foto de una mujer intentando correr en chándal con un dorsal, el número 261, sobre el pecho. Digo que intentaba correr porque en la foto aparecía un energúmeno vestido de traje y corbata que a fuerza de puro empujón se empeñaba en sacarla de lo que parecía una carrera.

Tiré de Wikipedia y averigüé que la de la imagen era Kathrine Switzer, la primera mujer en correr oficialmente el maratón de Boston en 1967. Hasta ahí la anécdota. También averigüé que hasta 1960 no se permitía que las mujeres participasen en carreras de más de 800 metros. Meses más tarde, mi amigo Rafa Vega me volvió a hablar de ella y me recomendó su libro: *Marathon Woman.* Me lo compré y su historia me fascinó desde la primera página.

Al poco tiempo, una empresa dedicada a los eventos deportivos vino a la redacción de *ELLE* para hablarme de un proyecto fascinante: el primer maratón femenino europeo en Mallorca, el 261 Women's Marathon. Y ¿quién era promotora e imagen de la prueba? Exacto, la mismísima Kathrine Switzer. Me cuesta creer en la magia y en la alineación de los planetas, pero de alguna forma estaba destinada a encontrarme con Kathrine. Pese a todo lo que nos separa —un continente y un bache generacional de más de treinta años—, hay algo muy profundo e intenso que nos une: la convicción de que para las mujeres correr es algo más que correr.

Después de devorar su libro, hace unos meses tuve la oportunidad de conocerla durante la presentación del maratón 261 del que es imagen. Tenía solo 15 minutos de entrevista y, como una ametralladora, disparé todas mis preguntas. Ocurrió la peor de las pesadillas para un periodista: la entrevista no se grabó. Casi me dio un síncope cuando me puse a transcribir la entrevista y la pista no aparecía en mi móvil. Tampoco había tomado notas, porque le hice las preguntas subida a un incómodo taburete, así que, mientras sujetaba la grabadora, los papeles, e intentaba no perder el equilibrio, no me quedaba mano libre con la que tomar notas.

Como Kathrine me había dejado su tarjeta para que nos mantuviésemos en contacto, le mandé un *mail* tipo SOS. Enseguida me respondió y fijamos una nueva cita para hacerle la entrevista por teléfono. Yo en Madrid y ella en su casa de Nueva York. A la segunda pregunta, de repente, el teléfono dejó de funcionar. Se cortó la comunicación, el aparato no daba ningún tipo de señal. Aporreé el maldito teléfono, pero no había tono. Salí de la sala de juntas de *ELLE* soltando improperios porque, llegados a ese punto, no me podía creer mi mala suerte tecnológica. ¿Qué iba a pensar Switzer?

Me fui hasta el cuarto de moda, donde tenemos un teléfono con manos libres, enchufé de nuevo las dos grabadoras (esta vez no dejaba nada en manos de la fortuna) y pensé que no me iba a contestar, pero todo lo contrario. Al segundo tono, al otro lado del teléfono oí la sonora voz de Kathrine. «Estas cosas pasan. Somos supervivientes. Seguimos», me dijo con su buen humor.

Media hora de entrevista en la que hablamos de *running* y mujeres, y la promesa de seguir colaborando en varios proyectos.

Switzer es una de esas mujeres de vitalidad arrolladora. Es como Lauren Bacall, pero en versión *runner*, con sesenta y seis años tiene una energía contagiosa y sigue corriendo, abanderando el *running* femenino y dando ejemplo. Si a mí me gustan las mallas de colorinos, a ella le van las faldas con estampado tartán. No puedo escribir este libro y no contar su historia, porque ella me inspira a seguir adelante.

Todo comenzó la fría mañana del 19 de abril de 1967 en Boston (Massachussets, Estados Unidos). Kathrine Switzer, una estudiante de Periodismo de la universidad de Siracusa (Nueva York), iba a correr el maratón de Boston, la más antigua, la más prestigiosa y reservada solo a los hombres. No estaba bien visto que las mujeres corriesen, porque afirmaban literalmente que se les podía desprender el útero o salirles bigote. —No, no es una exageración, así lo creían en aquella época en la serie de los *Mad Men*.

Pero Kathrine estaba dispuesta a correr los 42 kilómetros con 195 metros. Se había entrenado durante meses y se registró con sus iniciales: K. V. Switzer. La normativa de la carrera no prohibía a las mujeres apuntarse, porque simplemente era impensable que ninguna se atreviese a hacerlo. Su dorsal era el 261. Como parte del entrenamiento previo, su tirada larga no fueron los clásicos 30 kilómetros, sino 50. Sabía que podría correr la distancia. Ya lo había hecho.

El día de la prueba no ocultó su condición de mujer, no escondió su feminidad e incluso se atrevió a pintarse los labios. «Dios, llevas la boca pintada», le dijo su novio Tom, atleta y lanzador de martillo, mientras calentaban de camino a la salida de la prueba. «Siempre me pinto los labios. ¿Qué hay de malo en eso?», respondió ella. «Alguien puede ver que eres una chica y no dejar que corras, quítatelo», insistió Tom. «No me voy a quitar la barra de labios», concluyó ella mientras buscaba un hueco bajo el arco de salida.

Los primeros kilómetros fueron tranquilos, muchos corredores se sorprendían al ver a una mujer en la prueba, pero le daban ánimos. Todo cambió cuando fue rebasada por el camión de prensa. Los periodistas se fijaron en ella y empezaron a disparar sus cámaras. «¡Una mujer corriendo con dorsal!», decían. Aquello había que inmortalizarlo.

De repente, Kathrine escuchó una voz atronadora que decía: «Sal de mi carrera y dame ese dorsal». Era Jock Semple, codirector de la carrera, quien intentaba arrancarle el dorsal del pecho y echarla a empujones. Su entrenador Arnie Briggs le pidió que los dejase en paz insistiendo en que él la había ayudado a preparar el maratón. Lo que Semple no esperaba era el placaje de Tom, novio de Kathrine. Perdió el equilibrio y se cayó. Kathrine, presa del miedo, continuó corriendo y, desde ese momento, supo que debía terminar aquella carrera, aunque fuese a gatas. «Si no lo hacía, la gente pensaría que las mujeres no podían hacerlo.» Ese pensamiento logró llevarla hasta la meta en 4 horas y 20 minutos, convirtiéndose así en la primera mujer en correr oficialmente el maratón de Boston.

Aquello podría haberse quedado en mera anécdota, pero Kathrine se convirtió en la abanderada de los derechos de la mujer dentro y fuera de las pistas de atletismo. Aquella carrera cambió su vida porque, al cruzar la meta, Switzer ya tenía un nuevo objetivo: todas las mujeres deberían tener las mismas oportunidades. Estaba dispuesta a cambiar sus vidas.

«He visto cómo las mujeres que corren ahora se sienten poderosas, realizadas, y eso cambia su actitud hacia el trabajo y todo lo que pueden conseguir. Un ejemplo son las mujeres keniatas que empezaron a correr. Eran ciudadanas de tercera clase, pobres y poco valoradas, pero cuando comenzaron a correr y demostraron lo buenas que eran, empezaron a ganar dinero en las carreras. Luego, lo invirtieron en sus aldeas, construyendo casas, vacunando a los niños, desinfectando el agua. Lograron cambiar el tejido social de su comunidad. Esa es una transformación social enorme y es donde correr, el acto tan sencillo de poner un pie delante del otro, logra cambiar sus vidas de forma tan radical», me confesaba Kathrine durante nuestra charla.

Tras aquel maratón, Switzer continuó entrenando. Hasta cinco años más tarde las mujeres no pudieron correr de forma oficial el maratón de Boston. Ella había impulsado el cambio. En total ha participado en treinta y nueve maratones; en 1974 ganó el maratón de Nueva York y en 1975 logró correr el maratón de Boston en 2 horas y 51 minutos.

Después de su experiencia en Boston, Switzer buscó de forma activa oportunidades para que las mujeres pudiesen correr, y así, junto con la firma cosmética AVON, creó un circuito de *running* internacional. Durante más de treinta años, en estas pruebas participaron más de un millón de mujeres en veintisiete países distintos. Kathrine no paró de hacer campaña a favor de la incorporación de la mujer al deporte y en 1984 logró su sueño: el primer maratón olímpico femenino.

«Es el mayor reconocimiento para un maratoniano y, además, era muy importante para abrir la mente de todo el mundo acerca de lo que las mujeres eran capaces de hacer. Conseguir que el maratón femenino estuviese en unos Juegos Olímpicos y que, además, fueran televisados era muy importante porque todo el mundo se daría cuenta de que nosotras podíamos hacer todo lo que nos propusiésemos. Para mí, en cierto sentido, era tan importante como dar a las mujeres el derecho a voto, porque era el equivalente físico de la aceptación social de las mujeres. Ahora también seríamos aceptadas desde el punto de vista físico», me contó Switzer. Cuando la estadounidense Joan Benoit Samuelson cruzó la meta en el maratón femenino de las Olimpiadas de Los Ángeles en 1984, en 2 horas 24 minutos y 52 segundos, Switzer vio cumplido su sueño.

Aunque Benoit fue la primera mujer en lograrlo, quien de verdad se llevó la mayor ovación y el clamor del público fue la mujer que entró en meta en el puesto 37. Dando tumbos, totalmente retorcida por culpa de los calambres, exhausta, deshidratada y a punto del colapso debido al calor y la elevada humedad, la corredora suiza Gabrielle Andersen-Scheiss mantuvo al estadio y al mundo entero en vilo durante 5 minutos y 44 segundos, lo que tardó en recorrer la última vuelta en el interior del estadio, en uno de los grandes *momentum* de la televisión y el deporte femenino.

Sin dejar de tambalearse y haciendo verdaderos esfuerzos por no desfallecer, Gabrielle se negó a recibir la ayuda de los médicos (si no sería expulsada de la prueba) y, finalmente, retorcida por el esfuerzo logró cruzar la meta para caer en brazos de los jueces. Dos semanas más tarde competiría de nuevo. En Los Ángeles 84 quedó claro que las mujeres estaban dispuestas a correr y no iban a desaprovechar esa oportunidad histórica.

8

No solo de correr vive el *runner*

A medida que vayas cogiendo más fondo, tendrás la necesidad imperiosa de querer aguantar más kilómetros y también querrás correr más rápido. Aquí llega el momento frustrante por el que pasa la mayoría de las *runners:* nos estancamos. ¿Cómo salir del atolladero? Entre otras cosas, haciéndote más fuerte.

Existe una leyenda urbana que muchas mujeres creen a pies juntillas: «Las pesas te ponen enorme». ¡Ojalá muscular fuese así de fácil! De hecho, nunca llegarás a verte como el Increíble Hulk por hacer ejercicios con un par de mancuernas. A no ser que tomes anabolizantes, es físicamente imposible, porque las chicas tenemos un nivel muy bajo de testosterona (la hormona responsable del crecimiento de los músculos), hasta diez veces menos que los hombres. Por eso ellos tienen más masa muscular y menos grasa que nosotras (¡suertudos!).

Sin embargo, las mujeres necesitamos músculo. Como veíamos antes, este es más denso que la grasa y ocupa menos volumen. Cuanto mayor sea nuestra masa muscular, menos posibilidades existen de almacenar grasa. ¿Otra ventaja? Ayuda a quemar grasa incluso cuando estamos en reposo. Con las rutinas de fuerza aumentas tu metabolismo basal, es decir, quemas más calorías incluso sin moverte. No hay mejor quemagrasas que el ejercicio cardiovascular, pero para definir la silueta hay que optar por la potenciación muscular. Si quieres ser una *runner* eficiente, vas a tener que darles con brío a las mancuernas y a las gomas, entre otros ejercicios. Además, recuerda que a medida que envejecemos, y a partir de los treinta años, perdemos un 1 por ciento de masa muscular al año.

Como explica Domingo Sánchez en su libro *Mujer en forma, el reto,* «las investigaciones han demostrado que aumentando un 1,5 kg de tejido muscular se incrementa el metabolismo en un 7 por ciento y los requerimientos calóricos en un 15 por ciento. Tener más masa muscular nos permite quemar más grasa y poder comer más. Ganando uno o dos kilos de masa muscular conseguirás perder el doble de tejido graso».

Como muchas chicas, cuando empecé a *runnear* no incluí rutinas de fuerza en mi entrenamiento (¡bastante tenía con correr!) hasta que empezaron a dolerme las rodillas. Sí, el famoso tendón rotuliano me tuvo parada un par de meses por sobrecarga. ¿La solución? Descanso y ejercicios de fuerza como los que vamos a ver a continuación, porque al fortalecer los isquiotibiales y los cuádriceps, darás un respiro a tus tendones mientras ayudas a prevenir lesiones, como la de las rodillas, tan común en los corredores. Un plus: tus huesos también se volverán más fuertes.

Aunque cardiovascularmente somos eficientes y, en la mayoría de los casos, enseguida somos capaces de aguantar más tiempo corriendo, nuestra musculatura está poco preparada para el esfuerzo que supone correr y es ahí cuando pueden aparecer las temidas lesiones. Recuerda que correr te hace fuerte, pero a la vez provoca desequilibrios musculares al trabajar unas zonas más que otras. Por eso es tan importante hacer ejercicios de fuerza y resistencia con una tabla eficaz para coger tono. No queda otra que ponerse las mallas y empezar a sudar la camiseta dentro de casa para trabajar otros músculos y evitar desequilibrios.

El día que el preparador físico Ángel Merchán, de Home Wellness Madrid, me dijo que tenía el glúteo inhibido se me quedó cara de póquer, como a Lady Gaga. «¿Y eso qué significa?, ¿tiene remedio?», le pregunté. Respuesta: «Muchas mujeres sufren de una deficiente activación de alguno de los músculos del glúteo, que va a propiciar que muchos movimientos cotidianos y ejercicios más integrales o funcionales, como correr, saltar, etc., sean potencialmente dañinos para nuestro cuerpo, puesto que van a provocar la sobreactivación de otros músculos y un movimiento potencialmente lesivo para nuestras articulaciones». Conclusión: me iba a hartar de hacer sentadillas diabólicas.

Por un lado, hay que hacer hincapié en el trabajo de glúteos, cuádriceps e isquiotibiales. También es vital reforzar los abdominales y los lumbares, unos músculos que, aunque no inciden en la zancada, sirven para sujetar el cuerpo y proporcionan estabilidad. Por último, toca reforzar la famosa zona del *core* (¡qué de deberes!), nuestro segmento somático central.

Como explica el preparador físico Luis Javier González, de Easy Running: «Nuestro núcleo corporal es algo más que abdominales. Está compuesto por más de una decena de músculos, entre los que se encuentran los propios abdominales, lumbares y coxales. Todos, y en su conjunto, estabilizan la columna vertebral para mantener el cuerpo erguido. Estos músculos nos permiten flexionar el torso hacia delante, atrás, lateralmente y girar. Por lo tanto, tener un segmento somático central fuerte será de vital importancia para correr». Y añade el experto: «Hay que fortalecer los músculos lumbares, que nos ayudarán a proporcionar una adecuada basculación pélvica durante el ciclo de zancada al correr. Una pelvis mal alineada nos impedirá poseer una técnica de carrera adecuada y, como consecuencia, un gran derroche de energía».

El entrenamiento de resistencia es también muy importante en el caso de las mujeres para la prevención de la osteoporosis. Como explica Claire Kowalchik en *The Complete Book of Running for Women*, «a partir de los treinta y cinco años empezamos a perder tejido óseo, aproximadamente un 1 por ciento al año, hasta que llega la menopausia, cuando se dispara entre un 3 y un 5 por ciento. Idealmente, las mujeres deberían empezar a hacer ejercicios de resistencia cuando cumplen veinte años y continuar toda su vida para mantener esa pérdida al mínimo. Pero, además, levantar peso puede ayudar también a reconstruir el hueso que se deteriora por una mala nutrición y prevenir que se pierda en el futuro».

Sé fuerte

Muchas mujeres entran en auténtico bucle cuando pisan la sala del gimnasio y no se acercan a las pesas o las máquinas de musculación por miedo a ensanchar y engordar. Como explica Domingo Sánchez en su libro *Mujer en forma, el reto*, «El aumento de peso en las primeras semanas es completamente normal y no es debido a un aumento de la masa muscular. Es imposible que el tejido muscular (más en una mujer) aumente de tamaño de una forma tan rápida. Al comenzar un programa de ejercicios, el músculo se activa, se hidrata. Se llena de glucógeno, se incrementa su tono y densidad. El resultado final es un aumento del peso corporal total relativamente rápido en las primeras semanas».

Recuerda...

El músculo quema siete veces más calorías que la grasa. Al tener más masa muscular aumenta tu índice metabólico basal y, gracias a ello, quemas más calorías, incluso cuando descansas, y así tu cuerpo tiene más tono. Por otra parte, el trabajo de resistencia ayuda a reducir la tensión sanguínea y el colesterol y también mejora la sensibilidad a la insulina. Además, mantiene los huesos fuertes y las articulaciones sanas, ya que, al fortalecerse proporcionan mayor apoyo a los músculos. En resumen, el objetivo es aumentar la cantidad de masa muscular y también la resistencia y la fortaleza de tus músculos.

Para hacer un entrenamiento de resistencia necesitas usar unas mancuernas más ligeras o aplicar una resistencia más pequeña y hacer más repeticiones que si pretendes trabajar la fuerza. Puedes usar peso libre (mancuernas), gomas (cuanto más gruesas más difíciles serán de extender y más resistencia ofrecerán), tu propio peso corporal (como en el TRX o entrenamiento en suspensión) o una *fitball* (pelota). Para hacer un entrenamiento de fuerza debes usar más peso o una resistencia mayor y hacer menos repeticiones.

Como explica Domingo Sánchez, «la grasa se elimina de forma general. No hay ejercicios específicos para eliminar la grasa localizada en determinadas zonas. La región glúteo femoral es el último punto de donde desaparece, porque es donde hay más cantidad. El único ejercicio que consigue eliminar tu grasa es el que consiga mayor consumo calórico». Por eso, hay que combinar el entrenamiento cardiovascular con una rutina de fuerza.

Ejercicios de fortalecimiento del *core* (musculatura de la parte central del cuerpo, abdominales, lumbares, mulífidos...).

Lumbares y oblicuos

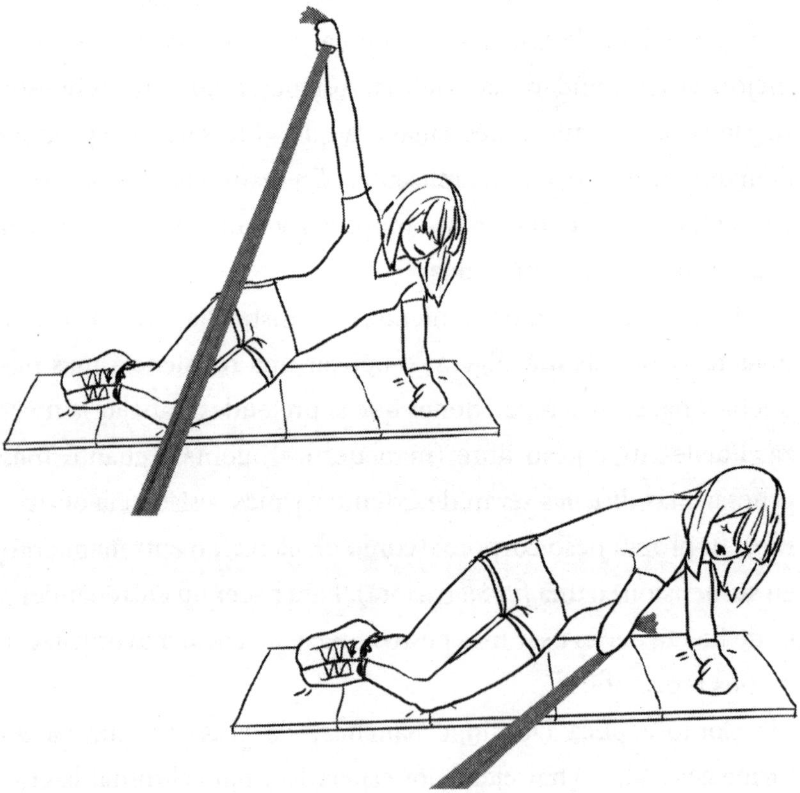

1. Descripción: Ata una goma por un extremo a la pata de la cama, o cualquier otro mueble, y coge con una mano el otro extremo. Colócate perpendicular a la goma y adopta la posición de plancha lateral de manera que tengas apoyo sobre las rodillas y sobre un antebrazo (para mayor intensidad, apóyate sobre los pies en lugar de las rodillas). Una vez alcanzada la posición, el ejercicio consiste en tirar de la goma por encima del cuerpo y por debajo de forma que la columna tenga que girar para realizar el movimiento.

2. Beneficios: Realiza un trabajo muy completo y avanzado de estabilidad. Se ejercitan muchísimos músculos: glúteo medio y menor de la pierna de apoyo, oblicuos, lumbares, serrato, deltoides posterior, pectoral mayor, bíceps, tríceps, entre otros. Es muy buen ejercicio para practicar el *swing* en golf (¡todo son ventajas!).

3. Repeticiones: De 10 a 15. Una repetición es el ciclo completo de pasar la mano por debajo y por encima del cuerpo en cada lado.

Plancha lateral

Seguimos con las planchas laterales. Reconozco que a mí me cuestan infinito, mucho más que los fondos, y es uno de los ejercicios que debo trabajar, porque dos de mis puntos débiles son la rotación de la cadera y los glúteos *(Nobody is perfect!)*. Como explica Luis Javier González, estos ejercicios ayudan a estabilizar nuestra columna vertebral e inciden de manera muy intensa en los músculos oblicuos del abdomen. Esta variante, como en la horizontal, es un ejercicio isométrico o estático, es decir, no hay movimiento articular. Por eso es mejor realizarlo a continuación de los que sí conllevan un movimiento articular, como el *crunch,* abdominal inverso y torsiones.

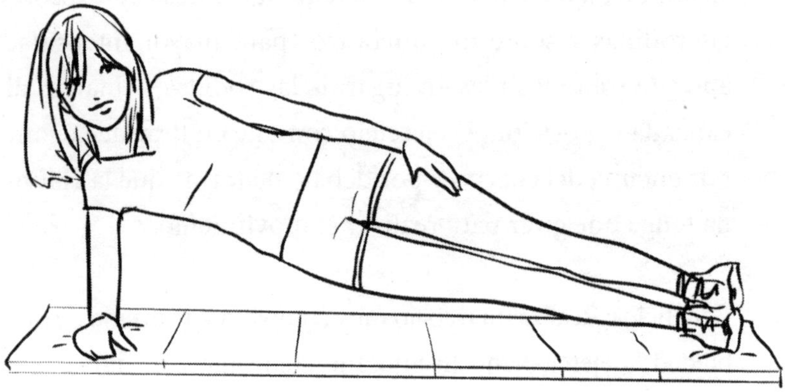

1. Descripción: Túmbate de lado con las rodillas extendidas, los pies juntos y la cadera apoyada en el suelo. Sitúa el codo debajo del hombro e inspira. Suelta el aire y eleva el tren superior apoyándote en el codo y el antebrazo. Mantén las caderas elevadas formando una línea recta desde los tobillos hasta los hombros, y alinea la cabeza con el cuerpo. Coloca el otro brazo a lo largo del cuerpo. Tensa el núcleo corporal (abdomen) contrayendo los abdominales y conserva la posición durante 30 segundos. Descansa y recupera para volver a trabajar el otro costado.

2. Beneficios: Los principales músculos que se trabajan son los oblicuos externo e interno, serratos, recto y transverso del abdomen, pero también, en menor medida, pectoral, cuádriceps, glúteos y lumbares.

3. Repeticiones: 4 series de 30 segundos en cada lado (para avanzadas), 3 series de 20 segundos a cada lado (iniciación).

Core/cuadrado lumbar

1. Descripción: Colócate en posición de *push up* (plancha o fondo), separa las manos y apóyalas a mayor anchura que los hombros. Separa los pies y apóyalos a la anchura de las caderas. Realiza un *push up* y gira el cuerpo hasta colocarte en posición de plancha lateral, apoyándote sobre una mano y los dos pies. Vuelve a los cuatro apoyos para realizar otro fondo, seguido de una plancha lateral hacia el otro lado.

2. Beneficios: Trabajo muy completo y avanzado de estabilidad. Pectoral, flexores de cadera, abdominal, oblicuos, serratos, trapecio, deltoides, tríceps, entre otros.

3. Repeticiones: De 10 a 15. Una repetición es el ciclo completo de plancha izquierda, *push up* y plancha derecha.

Extensión de columna

1. Descripción: Colócate apoyando el vientre y la barbilla sobre la pelota y dejando los brazos en reposo, como si la estuvieras abrazando. Apoya los pies en el suelo separándolos a mayor anchura que las caderas. Extiende la columna y levanta los brazos hasta alinear todo el cuerpo.

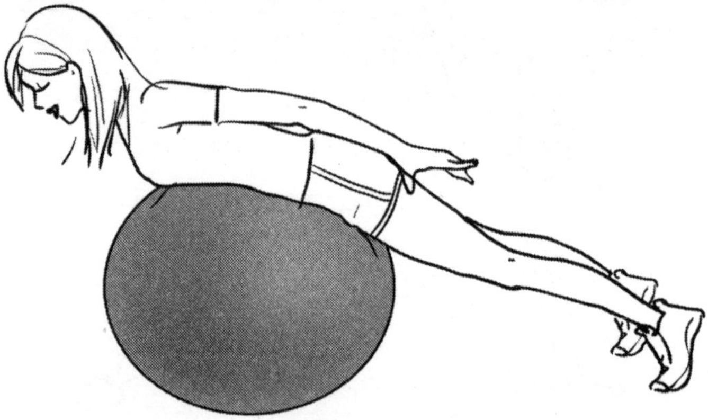

2. Beneficios: Trabaja la musculatura extensora de la columna.

3. Repeticiones: Entre 12 y 15, aunque, al ser un ejercicio de Pilates, recuerda que cuenta la calidad, no la cantidad.

Swimming

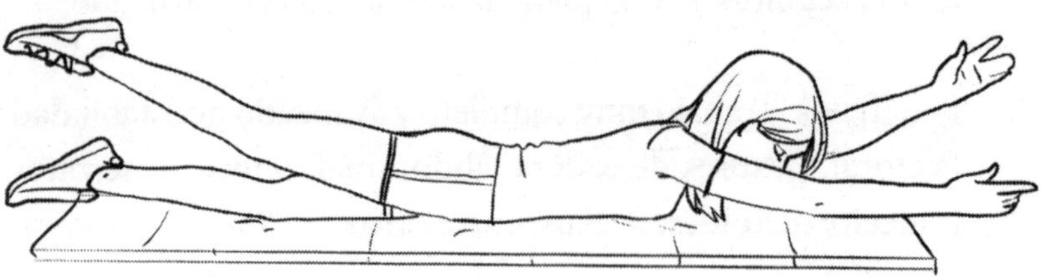

1. Descripción: Este es un ejercicio clásico de Pilates. Tumbada boca abajo, extiende la columna ligeramente a la vez que

elevas un brazo y la pierna contraria. Ve alternando brazo y pierna. Es importante mantener las cervicales en prolongación de la columna y no subir en exceso. Antes de cada subida contrae el transverso abdominal y el suelo pélvico. La respiración puede hacerse de dos maneras: soltando el aire al subir para controlar mejor la caja torácica, o al revés, inspirando al subir, lo que facilita la extensión.

2. Beneficios: Trabajo de la musculatura extensora de la columna (lumbar y erectores espinales). Además, mejora el patrón de movimiento de extensión de la columna vertebral.

3. Repeticiones: Entre 12 y 15, aunque, de nuevo, importa más la calidad que la cantidad.

Plancha con rotación de columna

¿Conoces los famosos discos de *gliding*? Dan un extra de inestabilidad al ejercicio y suponen un mayor trabajo muscular. Aquí los hemos sustituido por un par de bayetas (las de microfibra son perfectas porque resbalan) para que lo puedas hacer en casa.

1. Descripción: Coloca las manos en el suelo (justo debajo de los hombros) y cada punta del pie en el centro de una bayeta, en posición de plancha frontal (columna en posición neutra, cuidado con no hundir la zona lumbar). Desliza el pie derecho, llevando la rodilla hacia el codo izquierdo rotando ligeramente la columna, y vuelve a la posición inicial. Repite el ejercicio de forma alterna con la otra pierna.

2. Beneficios: Buen trabajo de la musculatura del *core* (recto y oblicuos del abdomen, psoas) y serratos.

3. Repeticiones: Entre 8 y 15 con cada pierna.

Burpees más plancha con brazo adelante

Este ejercicio es un dos en uno muy interesante, porque combina los dichosos *burpees* (¡bienvenida al ejército, soldado!) y una plancha avanzada (porque hay que desplazar hacia adelante un brazo, lo que genera un extra de dificultad en el ejercicio).

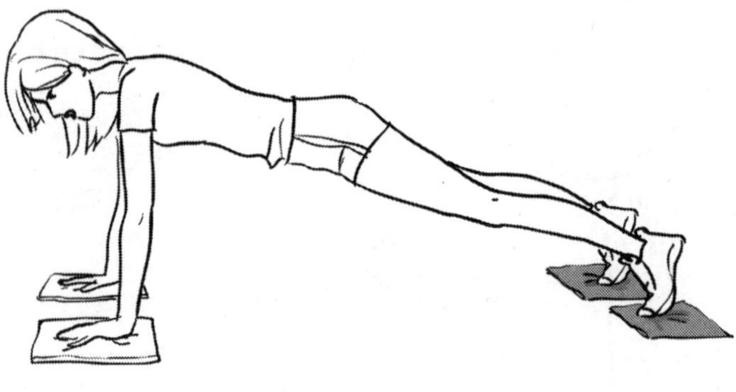

1. Descripción: Coloca las manos en el suelo (justo debajo de los hombros) sobre dos bayetas, y las puntas de cada pie sobre

el centro de otras dos bayetas, en posición de plancha frontal (columna en posición neutra, cuidado de nuevo con no hundir la zona lumbar). Sin despegar pies y manos, impúlsate para acercar los pies a las manos hasta quedarte en cuclillas. Desde aquí, impúlsate de nuevo hacia atrás para volver a la posición de plancha. Desde la plancha, sin mover ni la columna ni las piernas, desliza una mano hacia delante, vuelve a posición inicial y a continuación repite con el otro brazo. Después, repite la ejecución de todo el ejercicio.

2. Beneficios: Trabajo intenso de la musculatura del *core* (recto y oblicuos del abdomen, psoas) y serratos. También haces cardio porque es un ejercicio de alta intensidad.

3. Repeticiones: De 8 a 12.

Trabajo de glúteos, cuádriceps e isquiotibiales

Glúteo

¿Te suena la capoeira? Es un famoso arte marcial brasileño, mitad baile, mitad deporte, al ritmo de la música. Este ejercicio es similar a una de sus rutinas.

1. Descripción: Comienza en posición de *squat* (sentadilla). Realiza un *split* (también llamado *zancada* o *lounge*) hacia atrás, a la vez que giras la columna hacia la pierna que dejas adelantada, acompañando el movimiento con el brazo para equilibrarte. Desde aquí, vuelve a la posición *squat* sin extenderte (debes permanecer en todo momento con las rodillas y las caderas flexionadas) y repite el movimiento con la otra pierna. Verás cómo quema.

2. Beneficios: Trabajo muy intenso del tren inferior, con especial importancia de los glúteos en la zancada atrás con el giro.

3. Repeticiones: De 10 a 15. Una repetición es el ciclo completo de zancada, sentadilla, zancada.

Abducción de cadera

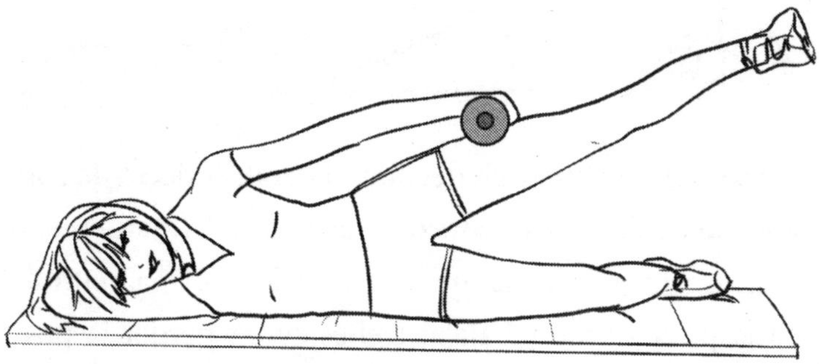

1. Descripción: Tumbada sobre un costado, con las dos piernas completamente extendidas, sujeta una pesa sobre el lateral de la pierna. Eleva la pierna contra resistencia de la pesa hasta un máximo de 45 grados, para 3 segundos y baja. Es importante no subir más de 45 grados, puesto que, normalmente, es complicado seguir realizando abducción de cadera a partir de esos grados (salvo casos de gran flexibilidad). Si subes más la pierna, lo haces gracias a una flexión lateral de la columna, y eso no interesa, puesto que el glúteo menor, medio y tensor de la fascia lata pierden carga.

2. Beneficios: Activas el glúteo menor, medio y tensor de la fascia lata.

3. Repeticiones: Hasta notar que el músculo se fatiga.

Plancha lateral con abducción de cadera

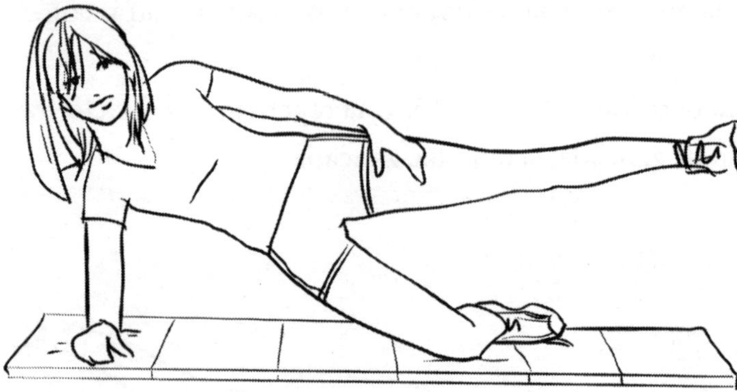

1. Descripción: Sitúate en decúbito lateral, es decir, de costado, apoyada sobre el antebrazo y la rodilla y manteniendo el alineamiento de la columna vertebral de forma neutral. Eleva la pierna libre y bájala. Debes evitar perder la posición inicial de la plancha, a pesar del movimiento de la pierna libre. Trabajas tanto la cadera de la rodilla de apoyo como la cadera de la pierna libre. En la primera, en isométrico (contracción muscular sin movimiento), y en la segunda, en concéntrico (contracción del músculo en movimiento).

2. Beneficios: Activas el glúteo medio y menor, oblicuos, lumbar y serratos.

3. Repeticiones: Hasta notar que el músculo se fatiga.

Squat con gomas o las «sentadillas infernales», *by* Ángel Merchán

Estas sentadillas me cuestan la vida y, cuando Ángel me pone el aro de Pilates alrededor de las piernas, quiero morir. ¡Te arde el glúteo! Te dejan tal resquemor en las patucas que deben ser buenísimas para poner el culete a tono. A por ellas, *my ladies*.

1. Descripción: Colócate de pie con una banda elástica a la altura de las rodillas (puedes hacerlo también con un aro de Pilates) y separa los pies a una anchura ligeramente mayor a la de las caderas para que la goma genere bastante tensión. Realiza el *squat* (sentadilla) respetando la técnica (columna neutra, peso en los talones, alineamiento tobillo-rodilla-cadera, la rodilla no sobrepasa la punta de los pies) y bajando todo lo que puedas. A medida que vayas bajando, haz fuerza con los glúteos contra resistencia de la goma para mantener las rodillas en su sitio.

2. Beneficios: Mejorarás la activación de la musculatura de los glúteos en el ejercicio del *squat* (sentadilla).

3. Repeticiones: Hasta notar que el músculo se fatiga.

One leg hip thrust

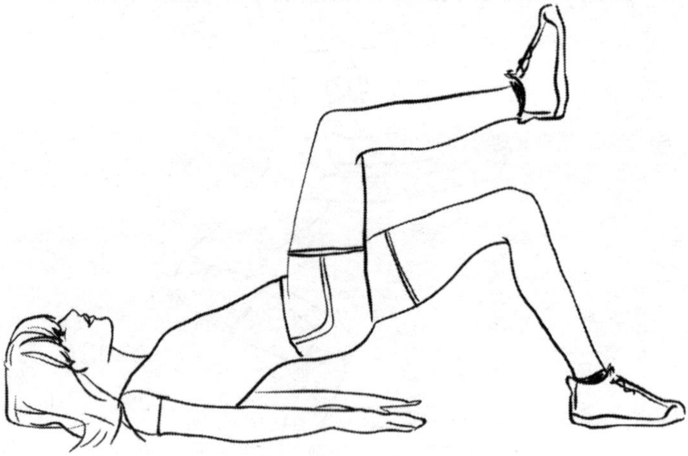

1. Descripción: Tumbada boca arriba apoyando un solo pie en el suelo y manteniendo la otra pierna en alto, eleva los glúteos lo más alto que te sea posible, mantén la posición arriba unos 3 segundos. Baja sin apoyar del todo el glúteo para luego volver a subir. Es importante mantener la curva lumbar neutra durante todo el recorrido, además de mantener las dos caderas a la misma altura, evitando que caiga más un glúteo que el otro. Si elevas los brazos durante el ejercicio aumentarás su complejidad e intensidad.

2. Beneficios: Se trabajo el glúteo mayor en concéntrico y los rotadores de cadera en isométrico.

3. Repeticiones: Hasta notar que el músculo se fatiga.

Abducción más rotación externa de cadera

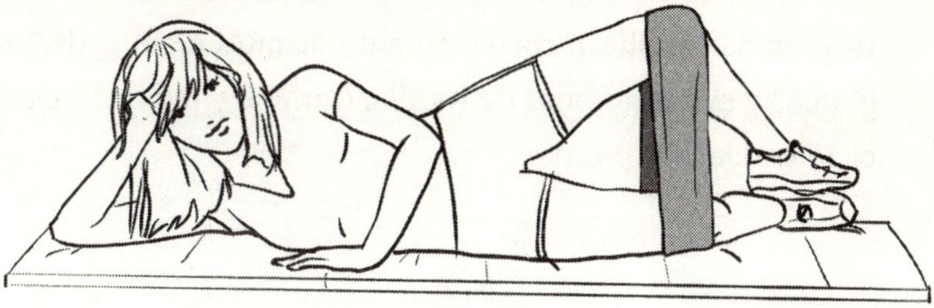

1. Descripción: Tumbada de costado con rodillas y caderas flexionadas en unos 45 grados, coloca una goma atada a la altura de las rodillas. Mantén los dos pies juntos en todo momento y eleva las rodillas contra resistencia de la goma. Aguanta 3 segundos en el punto más alto para luego volver a bajar hasta un punto en el que la goma tenga todavía tensión. Es importante mantener la curva lumbar neutra y una cadera justo encima de la otra, evitando llevar la cadera más alta hacia atrás a medida que subes la rodilla.

2. Beneficios: Buen trabajo del glúteo medio.

3. Repeticiones: Hasta notar que el músculo se fatiga.

La Bailarina

1. Descripción: De pie. Adelanta uno de los pies y apoya la punta sobre la bayeta. Dibuja un semicírculo, deslizando el pie con la bayeta a la vez que realizas un *lounge* (flexión) con la otra pierna. Los brazos se desplazan hacia el lado contrario de la pierna en movimiento, para así controlar el equilibrio. Vuelve a la posición inicial dibujando, nuevamente, un se-

micírculo. Es importante que la pierna que no se mueve se mantenga en un correcto alineamiento tobillo-rodilla-cadera para así implicar correctamente la musculatura de los glúteos y evitar lesiones de rodilla. Cambia y realiza el ejercicio con la otra pierna.

2.

3. Beneficios: Trabajas glúteo, cuádriceps, femoral y equilibrio.

4. Repeticiones: De 8 a 15 con cada pierna.

Isquiotibiales (la cara B de los muslos)

1. Descripción: Tumbada boca arriba sobre el suelo, apoya los talones en el centro de las bayetas y dobla las rodillas. Desde esta posición, mantén el glúteo elevado respetando

la curva lumbar. Desliza los pies hacia delante y atrás sucesivamente, manteniendo el glúteo elevado y la columna neutra.

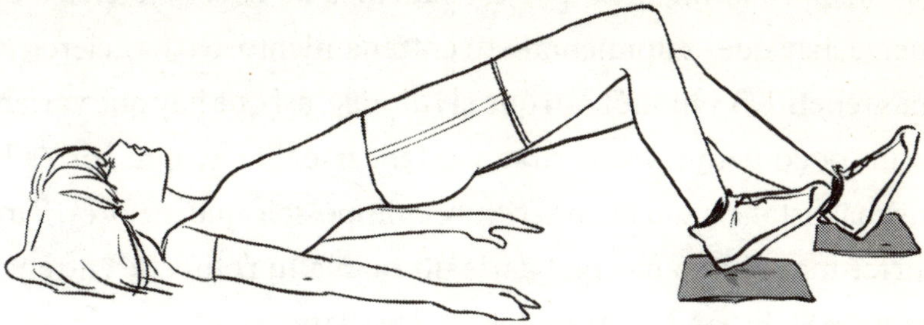

2. Beneficios: Trabajo de isquiotibiales y femoral.

3. Repeticiones: De 8 a 15 con cada pierna.

¿Cómo realizar estas tablas de ejercicios?

Lo ideal es que crees tu propio circuito por tiempo. Por ejemplo, puedes hacer durante 30 o 40 segundos cada ejercicio, dando tres vueltas al circuito con recuperaciones de 2 minutos entre cada vuelta.

Puedes organizar los ejercicios alternando uno de *core* con uno en el que se trabaje el tren inferior. Recuerda que es importante variar tu rutina de entrenamiento porque, si siempre realizas el mismo ejercicio, tu cuerpo se adapta a él y ya no supone ningún desafío y, por tanto, no mejorarás. Haz que cada sesión de entrenamiento sea un pequeño reto.

Salpimienta tu entrenamiento

Decía Albert Einstein que «si buscas resultados distintos, no hagas siempre lo mismo», por eso, además de hacer ejercicios de fuerza, hay que «salpimentar» tu entrenamiento. No hay ejercicio más repetitivo y monótono que el *running*, así que hay que variarlo un poco para no aburrirse y estancarse. Si siempre corres la misma distancia y al mismo ritmo, es imposible que mejores. Para correr más rápido hay que darle un *twist* a tu rutina de entrenamiento. Sí, llegan las series, los *fartlek* y las cuestas.

La regla de oro en la que todos los expertos coinciden es que la distancia, duración e intensidad no deben incrementarse más de un 10 por ciento a la semana. ¡Que no te puedan las prisas!

Dale ritmo

Como explican en *La guía del corredor* de Runner's World, «primero debes aumentar el número de días que sales a correr para luego incrementar los kilómetros. Poco a poco, ir añadiendo lo que se conoce como una sesión de calidad, por ejemplo, un entrenamiento interválico, *fartlek,* tirada larga, o cuestas».

¿Qué son las sesiones de calidad? Para progresar en nuestra preparación, independientemente de la distancia que vayamos a preparar, «necesitaremos introducir sesiones de entrenamiento en las que trabajaremos de una manera específica diferentes aspectos y cualidades de nuestro organismo, como la técnica de carrera, la fuerza, el VO2 max (consumo máximo de oxígeno), el umbral anaeróbico, la potencia y capacidad aeróbica, entre otras», señala el preparador físico Luis Javier González.

Métodos de entrenamiento

Método continuo o carrera continua

Aquí se trabaja la capacidad aeróbica. Como explica Luis Javier González, «es el entrenamiento más básico de todos, consiste en correr de forma constante e ininterrumpida durante un tiempo o distancia determinada».

Los objetivos y efectos de la carrera continua son:

- — Desarrollo del metabolismo aeróbico que es la forma que tiene nuestro organismo de obtener energía de forma aeróbica, es decir, con aporte de oxígeno. «Cuanto más desarrollemos este sistema y más oxígeno llegue a nuestro músculo, más energía vamos a ser capaces de producir» señala González.
- — Economización del rendimiento cardiovascular y del trabajo cardiaco.
- — Mejora de la circulación periférica. «Así obtendremos una mejor capilarización de los músculos, permitiendo que estén más oxigenados y puedan generar más energía», dice el experto.
- — Pérdida de peso.
- — Consolidación de la técnica y eficiencia aeróbica.

Como explica Luis Javier, «para los iniciados bastará con 10-20 minutos y los más avanzados podrán rodar hasta 2 horas. Siempre dependiendo del nivel de cada corredor y la carrera elegida para competir. Se puede poner en práctica desde el inicio de los entrenamientos y, generalmente, de dos a cinco días».

Método fraccionado

«El objetivo es que el corredor pueda aplicar más cantidad de trabajo a intensidades más altas de las que podría soportar con el método de carrera continua. Para eso, fraccionaremos las distancias e introduciremos pausas o recuperaciones para poder reiniciar el entrenamiento a una intensidad similar al esfuerzo anterior; son las también llamadas *series*», añade Luis Javier.

¿Cómo? Un ejemplo sería correr 3 veces la distancia de 2000 metros con una recuperación de 3 minutos a un ritmo superior al que se correrían 6 kilómetros de forma continua.

Los objetivos y efectos de este método de entrenamiento son, según el experto:

— Trabajo de la potencia aeróbica, que es la capacidad de nuestro organismo para desarrollar actividades físicas —en este caso, correr—, sostenidas en el tiempo con una fatiga reducida y una rápida recuperación.

— Aumento de la capacidad anaeróbica lactática, que es la capacidad de nuestro organismo de trabajar con altos niveles de ácido láctico (un deshecho que producen las proteínas al generar energía en los músculos).

— Aumento del VO2 max, que es la cantidad máxima de oxígeno que el organismo puede absorber, transportar y consumir por unidad de tiempo determinado, es decir, el máximo volumen de oxígeno en la sangre que nuestro organismo puede transportar y metabolizar. Cuanto mayor sea el VO2 max, mayor será la capacidad cardiovascular.

— Desarrollo del umbral anaeróbico. Seremos capaces de

retrasar la acumulación del ácido láctico en el músculo —y con ello la fatiga— y de eliminarlo más rápido. El umbral anaeróbico es el límite teórico más allá del cual el organismo no es capaz de equilibrar la cantidad de ácido láctico presente en el interior de nuestro cuerpo, de forma que pasamos de hacer un esfuerzo por la vía aeróbica a la anaeróbica. Esta última se llama así porque realizamos el esfuerzo con déficit de oxígeno en el organismo.

— Trabajo del sentido del ritmo de carrera y la capacidad de adaptación a la técnica de carrera en estado de fatiga.

Para la recuperación, en el caso de los iniciados, hay que llegar a un pulso inferior a 120 pulsaciones por minuto antes de comenzar la siguiente serie.

«Se puede poner en práctica cuando llevemos un cierto volumen de entrenamiento de carrera continua, más o menos a las cuatro o cinco semanas de entrenamiento. Al principio, basta con una vez a la semana. Más adelante podríamos introducir una sesión más, por ejemplo, un día fraccionado largo y otro fraccionado corto», añade.

Fartlek *o cambios de ritmo*

Fartlek es una palabra de origen sueco que significa «juego de velocidad». Se trata de una sesión de entrenamiento de carrera en la que corremos a diferentes velocidades, a lo largo de distintas distancias y con intervalos de recuperación trotando suave. Se trata de combinar de esta manera, dentro de una misma sesión de entrenamiento, series largas, trabajo de velocidad y cuestas.

Por ejemplo, quienes se inician pueden correr 2 kilómetros

fuertes, trotar 1 kilómetro y hacer de nuevo 1 kilómetro fuerte, para luego recuperar 500 metros y acabar con 500 metros más fuertes. Los iniciados pueden empezar a realizar el *fartlek* a partir de las tres o cuatro semanas de entrenamiento, de manera suave y progresiva. Se recomienda realizarlo una vez a la semana.

Los objetivos de este método de entrenamiento son:

— Desarrollo de la potencia aeróbica.
— Trabajo de resistencia muscular y orgánica.
— Aumento del VO2 max.
— Desarrollo del umbral anaeróbico y de la velocidad.

Cuesta arriba, cuesta abajo

Las cuestas ayudan, y mucho, en la activación muscular, sobre todo de zonas como glúteos, muslos y gemelos. Además, incrementan el esfuerzo cardiovascular. Ojo, que bajarlas también es un reto, porque suponen un ejercicio intenso para los cuádriceps y las rodillas.

Las cuestas forman parte del entrenamiento fraccionado, porque pueden ser varias subidas, desde 20 hasta 500 metros, dependiendo de la prueba que estés preparando. La recuperación se hace bajando al trote suave. Lo ideal es elegir un terreno con cierta inclinación. Hay que subir impulsando bien con la parte delantera del pie, sin apoyar los talones. Bracea al subir y apóyate en los brazos acortando la zancada. Para bajar las cuestas, no eches el cuerpo hacia atrás, aprovecha la fuerza de la gravedad e inclínate ligeramente hacia delante, da zancadas más cortas y rápidas y encuentra el equilibrio apoyándote en los brazos.

El objetivo de este método de entrenamiento es:

— Trabajar la combinación de esfuerzo aeróbico y anaeróbico. La subida será predominantemente anaeróbica y la bajada aeróbica, así realizaremos un trabajo mixto desarrollando las dos vías metabólicas.
— Aumentar nuestro umbral anaeróbico y el VO2 max (consumo máximo de oxígeno).
— Ganar velocidad y fuerza específica del corredor. Esta última es la fuerza aplicada a un movimiento determinado, en este caso correr. Fortaleceremos los músculos y articulaciones específicos de la carrera, que son: cuádriceps, isquiotibiales, glúteos, gemelos, tobillos, pies, rodillas y caderas.
— Perfeccionar nuestra técnica de carrera, ya que al desarrollar nuestra fuerza específica, mejoraremos nuestro ciclo de zancada.
— A pequeña escala, mejora la flexibilidad, ya que obligamos a los tendones y músculos a estirarse en la subida.

«Para hacer el trabajo de cuestas necesitamos al menos un par de meses de preparación; antes haremos tiradas largas, *fartlek*, gimnasio, entrenamiento fraccionado. Alguien que empieza podría introducir el trabajo de cuestas en su programación una vez a la semana», recomienda Luis Javier.

Dónde está el límite

Los maratonianos hablan del famoso muro que suele aparecer allá por el kilómetro 30. Vamos, la pájara de toda la vida. En la popular carrera Behobia-San Sebastián yo también me topé con el dichoso muro, pero el psicológico.

Behobia es una prueba espectacular y dura a partes iguales. Son 20 kilómetros de un trazado plagado de subidas y bajadas, con un público entregado que se tira a las calles para arropar a los miles de valientes que corren contra viento, agua y frío. Sí, porque en Behobia casi siempre hace malo, muy malo. Se celebra en noviembre y lo habitual es que el cielo inevitablemente se abra.

Normalmente, disfruto mucho en las carreras, aunque vaya sola o el perfil sea duro. Sí, correr y sufrir haciéndolo siempre me compensa. Hasta que llegué a Behobia.

No tuve buenas sensaciones en ningún momento de la carrera, ni tan siquiera bajo el arco de salida, ni tampoco al llegar a la meta. El fin de semana había sido muy divertido. Muchos amigos habían venido a correr la prueba; me pude escapar hasta San Juan de Luz y darme un superpaseo y también disfruté de la ciudad de San Sebastián. Pero en mi cabeza estaba siempre el mismo runrún: «¿Pero cómo vamos a correr con esta lluvia y este viento?».

Yo estaba atacada (¡y aterrada!) y el resto del mundo parecía estar encantado. «¿En cuánto la quieres hacer?», me preguntaban constantemente. «¿Tiempo? Lo que quiero es ser capaz de acabar.» Yo solo pensaba en que me diese una gastroenteritis, fiebre o una buena vomitona para no tener que correr el domingo, porque creía que no iba a ser capaz de lograrlo. Estaba claro que visualizarme feliz y contenta en la meta era misión imposible.

Las cosas tampoco mejoraron el día D. Había que coger un tren y un autobús para llegar a la salida y debíamos ir, literalmente, con lo puesto porque el guardarropa cerraba casi dos horas antes de la salida de mi grupo. «Llévate una camiseta o un jersey viejo», me aconsejaban. Y yo sin saber qué contestar porque no tengo ropa vieja. Siempre regalo la ropa que no uso; el síndrome de Diógenes no va conmigo. Para colmo de males, decidimos bajarnos en otra parada de tren porque creíamos que en la siguiente estación habría menos barullo para coger el autobús lanzadera hasta la salida de la prueba. Al final, terminamos caminando los 3,5 kilómetros que nos separaban de Behobia con nuestros ponchos de plástico al viento, e intentando no pasar frío. Llegamos a la salida sin tiempo para calentar: preparados, listos, ya, ¡corred!

«Tengo las piernas agarrotadas. ¿Pero qué hago yo aquí?

¿Quién me manda? Creo que no voy a poder.

Menos mal que no me puse las mallas largas. Vaya calorazo.

Me sobran hasta los manguitos.

Porque son nuevos, que si no, los tiraba. ¡Uff, qué agobio! ¿Me los quito? Y ¿dónde los meto? Bueno, los bajo hasta las muñecas y a ver qué tal.

Vaya, cómo oprimen. ¡Por algo dicen que hay que probar todo antes de la prueba! ¡Eso lo enseñan en primero de *running*!

Bueno, pues me los quito.

No, mejor me los dejo que si luego empieza a llover me puedo secar los brazos. Qué mal me he puesto las horquillas, me viene todo el pelo para la cara.

¡Vaya cuestaca! ¿No empezaban en el kilómetro 6?

Madre mía, ¿quién me manda?

Anda, si ya estamos en el kilómetro 5.

Coño, si estamos corriendo por una autovía.

De pulso voy bien, pero no puedo más.

Me paro. Doy la vuelta.

¿Qué necesidad?

Me invento algo. Ya se me ocurrirá una excusa.

Pero luego, ¿cómo vuelvo a San Sebastián? No tengo dinero, ni móvil. ¿Dónde voy?

Mitre, no te queda otra que apretar el culo y correr.»

Y así durante 20 kilómetros.

El lunes cuando llegué a *ELLE*, como todas las mañanas, me tomé el café con Amaya.

—¿Qué?, ¿cómo te ha ido, Mitrus?

—Pues un infierno, Ama. Sufrí mucho.

—¿Pero terminaste?

—Sí, claro.

Amaya no lograba entender qué fue lo que me impulsó a seguir. Si no quería correr, cómo logré hacerlo durante 20 kilómetros. Y la respuesta era muy sencilla: terminé porque no había más opción. Si no me encontraba mal físicamente, si mi pulso y mis piernas iban bien, retirarme no podía entrar en mis planes.

Me cuesta mucho esfuerzo encontrar los huecos para entrenar. Además, ponerse un reto es muy sacrificado, porque en lugar de llegar a casa y tirarte en el sofá, hay que calzarse las zapas y salir a correr, y hay veces que no apetece (¡nada!). Dicen que sarna con gusto no pica... Pues sí que pica, pero la satisfacción que produce compensa lo desagradable del picor.

Para llegar hasta la salida de una prueba he tenido que tirar de disciplina y fuerza de voluntad y lograr que mi afición fuera compatible con mi trabajo y mi familia. Así que en Behobia no estaba dispuesta a tirar la toalla solo porque mi cabeza se hacía la remolona. Durante 20 kilómetros le eché un pulso a mi mente para ver quién era más fuerte, si ella o yo. Al final, gané.

Correr y descansar con cabeza

Las mujeres solemos ser más prudentes y disciplinadas que los chicos, pero también muy dadas a flagelarnos con la esclavitud del «debería». Por ello, es muy fácil que con el enganche al *running* llegue un punto en el que perdamos un poco la perspectiva —¡Échale la culpa a las endorfinas!

En nuestro afán por superarnos nos pasa que queremos cumplir el plan de entrenamiento a rajatabla, como si nos fuese la vida en ello, y ahí es cuando aparecen las lesiones y las sobrecargas. No pierdas la perspectiva y recuerda que, además de correr, hacemos millares de cosas en nuestro día a día que consumen mucha energía.

Un error clásico en este deporte es no descansar lo suficiente, especialmente cuando intentamos mejorar y rascarle unos segundos al crono. El problema es que, si no respetas el descanso y te hinchas a hacer kilómetros, no serás mejor *runner*, lo más probable es que termines siendo una corredora lesionada. Lo sé, es complicado. También para mí no salir a correr, por la razón que sea, se convierte en un drama, pero, como dicen los expertos, el descanso es muchas veces el mejor entrenamiento.

Aquí va otro gran clásico: escucha a tu cuerpo. A mí me ha costado asumirlo (de hecho, el peaje han sido un par de lesiones), pero ahora ya he aprendido la lección y, si veo que ese día no estoy para mucha marcha, bajo el pistón, voy más suave e incluso no entreno. Es importante que tu cuerpo se adapte al esfuerzo y, además, tus músculos necesitan tiempo para repararse. No lo dudes: el descanso te hará más fuerte.

Debemos recordar que no somos atletas, sino mujeres que corren, que disfrutamos de este deporte, pero tenemos que hacerlo compatible con un estilo de vida en el que la lista de «tareas pendientes» no para de crecer. Por eso puede ocurrirte que te pases de rosca. ¿Cómo sé si estoy sobrentrenada? Algunos de los síntomas son la apatía y pérdida de motivación y también trastornos del sueño. Para evitar esa sensación de fatiga, tu plan de entrenamiento debe incluir algún día de descanso. ¡No te lo saltes!

Este año, siguiendo las indicaciones del preparador físico Ángel Merchán, estoy llevando un diario de mi pulso en reposo. Todas las mañanas, cuando suena el despertador, me quedo unos minutos más en la cama y me tomo el pulso. Así puedo ir comprobando si hay muchas variaciones. Salir por la noche de copas, dormir mal, estar incubando un virus y hacer un entrenamiento muy intenso por la tarde pueden alterar tu frecuencia cardiaca en reposo. Si el pulso fluctúa en exceso durante dos o tres días seguidos (por encima de 5/8 pulsaciones de la frecuencia de reposo media), puede deberse a que estoy sobrentrenada y no estoy asimilando las cargas. Cuando eso ocurre, es la hora de bajar el pistón y descansar más.

9
Running like a woman

Hay dos características que definen a un neoyorquino: cómo pide el café, y el *running*. La primera vez que entras en un Starbucks en Nueva York te sientes literalmente como Bill Murray en la película *Lost in Translation,* porque no sabes por dónde empezar. Ante ti pasan una decena de apurados ejecutivos que piden cosas tan extrañas como un «double tall capuccino extra dry» o algo impronunciable llamado *iced half caf double tall non fat no whip mocha.* «¡Excuse, me!» Si yo solo quiero un cortado de toda la vida y, si me apuran, un cafetín con leche. Sin duda, hay que ser nativo de la isla para entender la jerga cafetera neoyorquina.

El otro rasgo común a todos los habitantes de la Gran Manzana y alrededores es su pasión por el *running.* Si no corres, eres una *rara avis*; te pasa algo. Ese amor por la zapatilla es tan intrínseco al neoyorquino que hasta en la serie de televisión *Sexo en Nueva York* uno de los personajes, Charlotte, es una *runner* convencida. Tengo fijación con esta serie y confieso (pero esto between you and me) que hice el *tour* privado por Nueva York para ver algunos de los escenarios del rodaje. A la guía le parecí tan apasionada de la serie que me llevó hasta la casa —la de verdad— de Sarah Jessica Parker. Sí, soy la Wikisexoennuevayork porque recuerdo con precisión escenas de muchos capítulos y algunas frases geniales. ¡Qué le voy a hacer!, todos tenemos un punto de frikismo y este es el mío.

En uno de los capítulos, Carrie le pregunta a Charlotte por qué ha dejado de correr durante su embarazo.

«—Harry me ha llamado para contarme que no estás corriendo —dice Carrie.

»—¿Por qué lo habrá hecho? —pregunta Charlotte.

»—Porque te quiere y está preocupado.

»—No hay nada de lo que preocuparse.

»—Bueno, ¿te ha dicho el médico que quizá no sea seguro?

»—Me ha dicho que, como ya soy corredora, está bien.

»—Entonces, ¿por qué no corres?

»—Porque tengo miedo de que algo malo ocurra. Es un milagro que esté embarazada. Okay, tengo todo lo que siempre he querido. Soy tan feliz que estoy aterrada. Nadie consigue todo lo que quiere. Mírate a ti. A Miranda. Sois buena gente y mira lo que os ha pasado. Estoy segura de que me va a ocurrir algo malo.

»—Cariño, este año te cagaste encima. Quizá ya has cumplido. Corres todos los días. Es lo que haces. No puedes dejar de ser quien eres porque tengas miedo.»

En la siguiente escena, se ve a Charlotte enfundada en sus mallas y corriendo con sus tres perros en el famoso Reservoir de Jacqueline Kennedy Onassis en Central Park. «Todo en orden. Okay. Allá vamos», dice mientras empieza a trotar.

Embarazo y *running*

Como explica Domingo Sánchez en su libro *Mujer en forma, el reto,* «el embarazo es un periodo donde la actividad física siempre debe ir en descenso progresivo. Por tanto, cualquier inicio de un programa de entrenamiento al comenzar el embarazo, partiendo de una situación anterior sedentaria, no es lo más indicado, ya que no cumpliremos este principio de disminución progresiva».

Sin embargo, como apunta el experto, «si una mujer sedentaria decide comenzar un programa de ejercicios, se recomienda que sea durante el segundo trimestre de gestación, con un comienzo muy gradual de baja intensidad y frecuencia y que las actividades sean de bajo o nulo impacto, como caminar o nadar».

Entonces, ¿es sano correr durante el embarazo? Pues depende. Si ya corrías antes de quedarte embarazada, como Charlotte, no hay problema en seguir corriendo siempre que lo hagas con cuidado. El ejercicio y el embarazo inducen en la mujer efectos similares (aumento de la frecuencia respiratoria, de la frecuencia cardiaca y de la temperatura corporal), por lo que debes contar con el beneplácito de tu obstetra.

Lo que está claro es que el embarazo no es el mejor momento para empezar a correr o entrenar para una carrera, porque en el primer trimestre es cuando se están formando los órganos vitales del bebé y un exceso de calor puede ser un inconveniente. Una temperatura corporal demasiado alta podría acarrear problemas al feto, así que, ¿por qué arriesgarse cuando se pueden hacer otros ejercicios, como caminar o reforzar los músculos del suelo pélvico?

Durante el embarazo, las articulaciones y los ligamentos se relajan (por efecto de la hormona relaxina) y el riesgo de sufrir alguna lesión se incrementa. Además, el aumento de peso conlleva que las articulaciones soporten una mayor carga. Si corres, recuerda que es importante hidratarse bien antes y después del ejercicio, porque la deshidratación puede disminuir el flujo sanguíneo en el útero y producir contracciones antes de tiempo. Ten en cuenta que, a medida que crece la tripa, se modifica tu centro de gravedad, así que es mejor correr sobre superficies llanas para no tropezar y caerte. No salgas a correr sola, ni por zonas poco transitadas. No asumas riesgos innecesarios.

«A priori, el ejercicio realizado de forma regular durante el embarazo aporta beneficios tanto a la madre como al bebé, y además reduce la posibilidad de aparición de patologías asociadas al embarazo, como pueden ser la diabetes gestacional, ya que actúa positivamente sobre el metabolismo de la glucosa, o en la aparición de la hipertensión, por sus beneficios a nivel cardiovascular», aclara la doctora Eva Ferrer Vidal-Barraquer en su libro *Cambia de vida, ponte a correr.*

Como apunta la matrona Celia Llorente, son muchos los beneficios del ejercicio para las embarazadas, entre ellos:

— Mejora su condición aeróbica y muscular, lo cual facilita el parto.
— Disminuye el tiempo de trabajo de parto.
— El ejercicio aeróbico mejora la captación de oxígeno, incrementa la capacidad muscular y permite que la persona se recupere más rápido después del ejercicio.
— Disminuye la cantidad de intervenciones obstétricas.
— Disminuye los signos de compromiso cardiaco fetal.
— Facilita la recuperación tras el parto, ya que tiene un efecto psicológico favorable de bienestar.
— En embarazos normales, no está asociado a mayor inciden-

cia de aborto, parto pretérmino, ni ruptura prematura de membranas. Únicamente se ha asociado a una disminución del peso fetal al nacer de aproximadamente 300 gramos, lo cual no tiene repercusión perjudicial para el bebé.

«El tipo de intensidad del ejercicio que la mujer embarazada puede realizar depende de su estado de salud general y de cuán activa era antes del embarazo. Si eras activa antes de quedarte embarazada, puedes seguir realizando ejercicios normalmente, salvo que tu médico los contraindique. Se han realizado estudios que demuestran que los ejercicios aeróbicos durante la gestación no producen efectos nocivos sobre la madre o el feto si la mujer los practicaba antes. Por supuesto, la cantidad de ejercicio debe ir disminuyendo con los meses, ya que los requerimientos del embarazo disminuyen la reserva cardiaca materna. Además, puede aparecer una sensación subjetiva de dificultad para la actividad física, en parte por el aumento del peso y por la mayor compresión del útero sobre el diafragma y los pulmones», añade la matrona.

Claves para correr durante el embarazo y en el posparto

Durante el embarazo

«El ejercicio es beneficioso para todos, incluso para la mujer embarazada, pero debes tener en cuenta varios factores», aclara Celia Llorente.

— Contar con el beneplácito del profesional correspondiente: el tocólogo.

— Llevar corriendo al menos un año antes de estar embarazada.
— Escuchar a tu cuerpo.
— En el primer trimestre, continúa con la rutina habitual, intercalando siempre un día de descanso. Ritmo de trote, sin series ni cambios de ritmo.
— En el segundo trimestre, corre por lugares planos cuando te apetezca. Puedes sustituirlo por *aquarunning* o natación. Habla mientras corres para asegurar un ritmo suave.
— Es imprescindible una buena hidratación antes, durante y después de la carrera. La deshidratación puede disminuir el flujo sanguíneo en el útero provocando contracciones antes de tiempo. Evita salir a correr durante las horas de más calor. Lleva frutos secos o barritas de cereales en tus salidas (para evitar una bajada de azúcar), ropa holgada, que transpire bien, y el pecho siempre muy sujeto.

Por último, como apunta la doctora Eva Ferrer, en «el último trimestre lo más recomendable para la *runner* es cambiar de actividad, porque aparecen cambios en la columna vertebral a nivel de posicionamiento y el impacto en el suelo pelviano es excesivo, así como sobre las articulaciones».

«Los mareos, náuseas y vómitos excesivos, la sensación de no poder respirar ni hablar con cierta fluidez, junto con cefaleas (dolores de cabeza), sensación de inestabilidad o un cansancio importante son signos claros de que hay que detener la actividad. Si notas contracciones regulares o dolorosas, un sangrado o pérdida de líquido, has de dejar de correr inmediatamente», dice la doctora Ferrer.

Tras el parto

Afrontar la vuelta al ejercicio va a depender también de muchos factores: el cansancio físico que genera tener un bebé, la lactancia, la revolución hormonal del posparto. Afortunadamente, si al comienzo hacías ejercicio y te sentías bien, la recuperación va a ser más rápida y fácil. Antes de comenzar con la actividad física, debes tener en cuenta cómo fue el parto (vaginal, cesárea...), el estado de la zona abdominal y el suelo pélvico.

Como indica Celia Llorente, «desde los primeros días, se continúa con los ejercicios de Kegel, para evitar incontinencia urinaria y fortalecer el suelo pélvico. A las cuatro semanas, se pueden hacer estiramientos suaves y caminatas largas. A las seis u ocho semanas, se puede comenzar a trabajar la zona abdominal, pero antes debes saber si tus abdominales se han recuperado tras el parto. No olvides que muchos de los cambios fisiológicos y morfológicos que ocurren en tu cuerpo en el embarazo persisten tras el parto durante un período de cuatro a seis semanas. ¿Recuerdas, por ejemplo, que la hormona relaxina se encarga de aflojar y relajar músculos y articulaciones durante el embarazo para facilitar el nacimiento de tu bebé? Su efecto persiste aún meses después del alumbramiento».

Por último, se puede comenzar a correr a las doce semanas siguiendo estos consejos:

- — Empieza con calma y aumenta la intensidad de tus sesiones de forma gradual.
- — Si sientes dolor, detente inmediatamente y contacta con tu médico.
- — Un sangrado vaginal de color rojo vivo y un flujo mayor

que el de tu período menstrual puede ser una señal de alerta y debes buscar atención médica de inmediato.

— Mejor salir después de dar la toma.
— No olvides hidratarte bien.
— Cuidado con la producción de ácido láctico, pues modifica el sabor de la leche.
— Lleva siempre un sujetador adecuado.

Si has tenido una cesárea, «después de tres meses ya puedes empezar a trotar suavemente», aclara la matrona, quien recomienda «no realizar ejercicios de impacto durante este periodo. En su defecto, puedes caminar y trabajar la recuperación de tu zona abdominal y perineal con ejercicios como el Pilates, ya que cuidan mucho el suelo pélvico y no son traumáticos para las articulaciones. La natación y el yoga también son buenas alternativas».

Antes de empezar a hacer abdominales, pídele a tu médico que te examine. «Es común que los músculos abdominales se separen durante el embarazo. De ser así, debes realizar ejercicios específicos antes de someterlos a un estrés adicional. La diástasis de los rectos abdominales es normal tras el embarazo, tanto en parto vaginal como en cesárea. Para recuperar la zona tienes que trabajar la musculatura abdominal, pero siempre que antes hayas fortalecido la zona perineal. Mientras tonificas la zona del suelo pélvico, sería recomendable que hicieras abdominales llamados *isométricos*, es decir, sin movimiento de tórax ni cabeza. Tumbada (apoyándote sobre los codos y las puntas de los pies), contrae durante 10 segundos los abdominales y relaja durante otros 10 segundos», explica Llorente.

Existe una técnica llamada *gimnasia abdominal hipopresiva* que es ideal para recuperar esta zona sin traumatizar el área perineal. Su creador, Marcel Caufriez, doctor en Kinesioterapia y experto en reeducación uroginecológica, descubrió que las mujeres que hacían abdominales tras el parto no solo no conseguían recuperar el tono abdominal, sino que, además, empeoraban los problemas de incontinencia y prolapso (deslizamiento del útero).

A diferencia de los abdominales tradicionales, que trabajan abdomen y periné de forma hiperpresiva —es decir, ejerciendo presión en la faja abdominal y el suelo pélvico, al empujar la tripa hacia fuera y el suelo pélvico hacia abajo—, los hipopresivos consiguen eliminar esa presión de ambas zonas (también provocada por esfuerzos, impactos, tos...) y producen una activación refleja de las fibras musculares de la faja abdominal y el suelo pélvico, el cual además elevan.

El método hipopresivo es una opción interesante en el posparto para las mujeres con problemas de pérdidas de orina y deficiencias en el suelo pélvico. «De hecho, la incontinencia urinaria afecta al 31 por ciento de las mujeres de entre catorce y treinta y cinco años que hacen deporte», explica la experta en el método hipopresivo Amalia Panea. También, permite mejorar el tono y la competencia de la faja abdominal y el suelo pélvico en cualquier persona, ayuda a prevenir la aparición de todo tipo de hernias, mejora la postura y reduce el dolor de espalda. Además, aumenta la vascularización, la resistencia y el rendimiento deportivo, e incluso, tras una práctica continuada, mejora las funciones sexuales.

«El método hipopresivo engloba una serie de ejercicios que requieren una postura determinada y que tienen la característica de lograr una disminución de la presión intrabdominal en la cavidad abdominal, torácica y perineal, y una activación refleja (involuntaria) de los músculos del suelo pélvico y de la faja abdominal, convirtiéndola en competente para gestionar las presiones», añade la experta.

Los ejercicios se realizan adoptando diferentes posiciones o realizando movimientos basados en unas pautas técnicas muy concretas que facilitan y acentúan el efecto hipopresivo: autoelongación (estiramiento axial de la columna), doble mentón, decoaptación (activación de los músculos serratos y abducción de escápulas), inclinación del eje de gravedad, respiración costal, apnea espiratoria y abertura costal.

Como explica Amalia Panea, «dada la complejidad del método y su necesaria adaptación a las necesidades o posibles patologías de cada persona, para practicarlo es necesario realizar al menos una sesión de iniciación en un centro o con un profesional acreditado en el método hipopresivo (profesional sanitario, fisioterapeuta o experto en *fitness*)». Puedes encontrar el más cercano en tu ciudad en la web del doctor Caufriez (www.marcel-caufriez.net).

Una mamá a la carrera

Le he pedido a la atleta y maestra de Educación Física Amaya Sanfabio (treinta y cinco años y madre de una niña de dos) que nos cuente cómo vivió ella el embarazo y cómo entrenó durante esos meses. Aquí va su testimonio:

> He crecido haciendo deporte. Forma parte de mi vida y de la de mi melliza Tamara. Desde que éramos niñas, gracias a la insistencia de nuestros padres, que no sucumbían a nuestros lloros en su empeño porque aprendiéramos a nadar, consiguieron finalmente que nos desenvolviéramos y disfrutásemos en el agua. También nos apuntamos a las diferentes actividades extraescolares del colegio. Así practicamos gimnasia rítmica, baloncesto y también pertenecimos al equipo de voleibol. En toda esta etapa seguimos nadando

y no fue hasta los dieciséis años cuando descubrimos las carreras populares y nos iniciamos en el atletismo, abandonando progresivamente la natación.

Podría decirse que con el atletismo he alcanzado mi madurez deportiva. Tras casi veinte años de práctica, he conseguido superarme, mejorar mis marcas y subirme, en algunas ocasiones, a lo más alto del podio; pero también he conocido los sinsabores de la derrota, de las lesiones, y la frustración al no lograr los objetivos marcados. Aunque, tras los malos momentos, siempre he salido adelante reforzada con nuevos retos y objetivos. En el deporte, como en la mayoría de las cosas de nuestras vidas, no conseguir a veces los propósitos no es más que un aprendizaje y un impulso para volver a intentarlo, rehacerse y crecer.

El embarazo era, sin duda, un proceso de crecimiento, en su más amplio sentido, tanto para mí como para la pequeña vida que se gestaba en mi interior. Tenía claro que en esos meses seguiría haciendo deporte. Me informé sobre las recomendaciones que había que seguir y quise ser rigurosa en algunos aspectos: mantener el pulso por debajo de 140-150 pulsaciones por minuto, hidratarme y evitar las horas del día más calurosas para practicar ejercicio físico, etc. Así, estuve corriendo hasta el sexto mes de embarazo. Dejé de hacerlo no porque me encontrase mal, sino porque llegó un momento en el que, al estar tan pendiente de tantas cosas mientras corría, no conseguía disfrutar. Así que decidí cambiar la carrera por las caminatas e ir preparándome para el nacimiento de mi hija.

En noviembre, estando aún embarazada, renové mi licencia con la intención de competir antes del final de la temporada, con dos objetivos en mente. El primero fue la Carrera de la Mujer de Madrid, en la que participo desde sus inicios hace ya unos diez años. Lo hice justo al acabar la cuarentena, sin exigirme, sin forzar el cuerpo, solo por disfrutar de nuevo poniéndome un dorsal y estar rodeada de miles de mujeres que corren. El segundo objetivo era en septiembre, seis meses después del nacimiento de Ariadna, cuando se disputaba el nacional de medio maratón en Tordesillas; y, en mejor o peor forma, quería estar en la salida. Allí estuvimos toda la familia. Pablo, mi marido, que no competía, se quedó con Ariadna; mi madre y Tamara quisieron darme una sorpresa y se presentaron en Tordesillas para animarme. Mi marca fue discreta, lejos de mis mejores registros, pero acabé la prueba, que se hizo dura por las condiciones de calor y el perfil del circuito; y, además, pude aportar mi granito de arena a mi club tras conseguir el subcampeonato de España por equipos de medio maratón.

El parón atlético por el embarazo y el parto solo sería un punto y seguido. No soy una superatleta ni tampoco una supermadre, tan solo he tenido la suerte de poder ser capaz de integrar mi vida familiar con la deportiva con relativa facilidad y, sobre todo, con naturalidad. Por ello, es habitual verme durante los entrenamientos y antes o después de las competiciones dando el pecho a mi hija.

En varias ocasiones me han dicho que mi rendimiento deportivo mejorará cuando abandone la lactancia materna. No lo tengo claro, pero tampoco es mi prioridad. El deporte me ayuda a sentirme bien conmigo misma, a superarme y a luchar por lo que me propongo, pero, por encima de todo, disfruto de cada momento que paso con mi hija. Ojalá ella en un futuro pueda experimentar estas sensaciones y disfrute haciendo deporte.

Ser madre se convierte en una carrera sin fin, con muchas preocupaciones, compensadas con creces con la satisfacción de ver crecer a tus pequeños. Soy atleta desde hace muchos años y ahora, y para siempre, también madre, un binomio inseparable que me hace inmensamente feliz.

La década prodigiosa

Mi madre se ha pasado media vida diciéndome: «Hija, hasta los treinta tienes tiempo». Vamos, que hasta ese día tenía barra libre para hacer lo que me diese la gana: tirarme en parapente, cambiar de trabajo, de ciudad, de casa, de novio, etc. Eso sí, parecía que a partir de esa edad se acababa el mundo. Así que soplé las velas de mi treinta cumpleaños pensando que aquello era el ocaso, el fin del mundo, un no retorno. Para ella los cuarenta eran la década prodigiosa, la de auténtica plenitud. Con los niños ya crecidos y con la carrera profesional bien trazada, había más tiempo para dedicárselo a una misma.

Quizá por eso muchas mujeres descubren el *running* a esta edad, como mi amiga la periodista de Onda Vasca Begoña Beristain, para quien correr es un deporte para toda la vida.

> Tengo ya cuarenta y seis años y no hace tanto que empecé a correr. Más bien hace poco, porque en serio en serio, lo que se dice en serio, comencé hace un par de años. ¡Si yo era de las que decía cosas de esas como que correr es de cobardes! Y ahora estoy en lo que algunos llaman *el lado oscuro,* o sea, enganchada a este deporte que me quita horas, pero me regala vida cada día que entreno. Mido 1,79. Mujeres de mi edad con esa altura no hay demasiadas, y en mi época escolar las que destacábamos por talla jugábamos al baloncesto casi por obligación. Ahí está la clave del fracaso: hacerlo como imposición. Terminé dejándolo, claro. Después he hecho aeróbic, natación, *spinning, fitness,* en fin, un poco de todo. Me gusta estar en forma porque me hace sentir bien. Así de sencillo.
>
> Pasa la vida, llegan los hijos, la familia te llama, requiere de ti, y el deporte queda apartado. Un caso clásico, como veis. Pero tam-

bién esa familia te necesita cada vez menos, los hijos se hacen adolescentes, cada vez te exigen menos, y ves que ha llegado el momento de retomar las riendas de tu vida y dedicarte un poco más a ti.

Soy periodista. Llevo veinticinco años trabajando en la radio, en Onda Vasca. Cada tarde me enfrento a tres horas de programa en directo. Muy exigente, sí, pero revitalizante. ¿Qué tiene que ver esto con el *running*? La pasada temporada estrené sección en el programa. Comparto cada semana un espacio con Iker Martín Urbieta, un ultrafondista. Hablamos de deporte, de salud, de técnica, de alimentación, descanso, etc. Decidimos que esta sección tenía que llevar parejo un reto. Quisimos demostrar que una persona que no había corrido nunca era, al final de la temporada de radio en junio, capaz de correr medio maratón. Para no ir muy lejos decidimos que esa persona tenía que ser yo.

Así comenzaron unos meses de entrenamiento, de esfuerzo, de voluntad, de correr bajo la lluvia o el sol, pero sobre todo de disfrute, de descubrir un mundo nuevo que poco a poco me ha ido atrapando. Correr se ha convertido en otra de mis pasiones que, además, me permite desconectar de muchas de mis obligaciones. Cada día hablo con muchísimas personas, recibo y contesto docenas de correos electrónicos y de mensajes en el móvil. Solo hay una forma para evadirse de esto: estando sola. Y, ahora, correr. Salir cada mañana a disfrutar de una buena carrera, de hacer kilómetros y encontrarme sola con mis pensamientos organizando mi día sin interrupciones.

Soy corredora de mañana, de primera hora. Terminar una buena tirada me da energía para el resto del día. Hay quien dice que ¡incluso me da demasiada! El hecho de haberme puesto una meta ha dado un plus a todo esto. Saber que entrenas para algo, para superarte a ti misma, para motivarte, para mejorar tu físico. Y, además, te conviertes en un ejemplo no solo para otras mujeres, que se animan a correr al ver que esto te está cambiando la vida, sino para quienes te rodean. Sé que mi hijo y mi marido están orgullosos de poder contar que he corrido un medio maratón y que mi siguiente reto es correrlo entero. Al menos intentarlo. Voy a poner todo mi empeño, mis ganas, mi fuerza de voluntad, mi ilusión y mi trabajo para conseguirlo.

Porque soy parte de Mujeres que Corren y eso marca. Animo a todas las mujeres a que se calcen las zapas y empiecen una nueva forma de vida. Conoceréis a mucha gente de la que vais a descubrir facetas increíbles: amistad, solidaridad, apoyo, empatía… Todas las tenemos dentro y afloran con el *running*.

Correr me ha cambiado la vida. Soy feliz corriendo. *Go, ladies, go!*

Beneficios de correr a los cuarenta

Hay que tener en cuenta que a partir de esta edad las enfermedades cardiovasculares son el enemigo número uno. Por eso correr puede ser tan beneficioso, como explica la doctora Eva Ferrer en su libro *Cambia de vida, ponte a correr*, «reduce los niveles de la tensión arterial, y disminuye las cifras de triglicéridos y colesterol». Sin embargo, como explica Ferrer, «si una valoración médica deportiva siempre es indispensable antes del inicio de una actividad física de manera regular, a partir de los cuarenta años todavía es más importante, ya que los factores de riesgo, sobre todo a nivel cardiovascular, se multiplican».

Y si correr no es lo tuyo, desde aquí te animo a que te pongas en marcha, por una cuestión de salud. Como explica el doctor Valentín Fuster en su libro *Corazón y mente*, «la actividad física eleva la concentración de colesterol HDL (el bueno) y reduce los triglicéridos perjudiciales, ayuda a bajar la presión arterial y a combatir el sobrepeso y la obesidad. Está demostrado que las personas de cincuenta años que practican deporte con regularidad tienen una esperanza de vida cuatro años mayor que las sedentarias».

Como veíamos en el capítulo octavo, a medida que envejecemos, y a partir de los treinta años, perdemos un 1 por ciento de masa muscular al año, y correr puede ayudarnos a ser más fuertes a nivel muscular. Aparte, añade la doctora, «si no hay contraindicaciones, el *running* aporta una mejora en el metabolismo para el depósito del calcio, haciendo que los huesos estén más fuertes y sanos».

Running y menopausia

La menopausia suele aparecer de media entre los cincuenta y los cincuenta y un años, pero es en la perimenopausia —que puede producirse a partir de los cuarenta años y prolongarse durante meses o hasta diez años— cuando tus hormonas (estrógenos y progesterona) fluctúan hasta descender a niveles muy bajos. Y es aquí cuando llegan los problemas no solo por los cambios de humor, el insomnio o los *vaporazos*, como llamaba mi madre a esos ataques de calor repentinos en los que quieres meter la cabeza en la nevera, sino también porque los estrógenos tienen un papel fundamental en la protección de nuestros huesos y corazones.

Como explica Claire Kowalchik en su libro *The Complete Book of Running for Women*, «los estrógenos ayudan a mantener bajos los niveles de colesterol en general y unos niveles altos del que se conoce como *colesterol bueno* (HDL). Pero la falta de estrógenos hace que las arterias se endurezcan, se acumulen las plaquetas en su interior y se dispare el riesgo de sufrir problemas cardiovasculares». Además, protegen los huesos de la pérdida de calcio al inhibir la acción de unas células llamadas *osteoclastos* que van erosionando los huesos. Con el tiempo, los huesos se vuelven porosos, lo que se conoce como *osteoporosis*.

La osteoporosis, explica el doctor Carlos Mascías, «es un trastorno de los huesos que se traduce en una mayor predisposición a sufrir fracturas. La forma de medir ese riesgo es mediante la determinación de la densidad mineral ósea del hueso (lo que comúnmente se denomina como *densitometría*). A menor densidad del hueso, mayor riesgo de fractura. Existen factores de riesgo bien reconocidos para sufrir osteoporosis. Los más importantes tienen que ver con la falta de hormonas femeninas (tanto la que se produce en la menopausia o en los meses previos como la que ocurre cuando la menstruación es irregular o la menopausia se presenta de forma precoz), el bajo peso, la ingesta escasa de calcio en la dieta y el consumo de tabaco. Por lo tanto, la primera medida para reducir el riesgo de osteoporosis sería dejar de fumar, reducir y moderar el consumo de alcohol y haber tenido una ingesta de calcio adecuada en la juventud y madurez (a lo mejor ya hemos llegado tarde a eso en algunos casos…)».

Cómo ayuda correr durante la menopausia

Hay muchísimas mujeres que, aunque han sido delgadas toda su vida, en la menopausia cogen kilos con facilidad porque su metabolismo se ralentiza. Además, otro problema añadido es que vamos perdiendo masa muscular y aumenta el porcentaje de grasa. Consecuencia: engordamos. Por eso, una rutina de ejercicios de fuerza y resistencia, como los que te enseñé en el capítulo octavo, previene la pérdida de masa muscular y ayuda a que tu metabolismo se eleve. Cuanto más músculo tengas, más se incrementa tu metabolismo y así más calorías quemas, incluso cuando no estás haciendo ejercicio.

Por otra parte, ya hemos comentado que a partir de los treinta y cinco años empezamos a perder tejido óseo —cerca de un 1 por ciento al año—, y que esta pérdida se dispara a un 3 y un 5 por ciento en la menopausia. Pero correr puede ser de gran ayuda para hacer que tus huesos sean más fuertes, como explica Kowalchik, pues «cuando corres tu sistema musculoesquelético tiene que soportar tu propio peso corporal (algo que no pasa con actividades como la bici o la natación). Esa fuerza produce que la densidad de tus huesos aumente. Además, la combinación de una dieta rica en calcio con ejercicio reestimula la densidad de los huesos aún más».

Sin embargo, el *running* no es suficiente. «Correr nos ayuda a evitar la pérdida de masa ósea en las piernas, pero no lo hace con la columna vertebral (segundo lugar más frecuente después del fémur). Por eso los expertos recomiendan rutinas de fortalecimiento de tronco y tren superior, con pesos ligeros y más repeticiones con cada ejercicio. Además, las mujeres con osteoporosis no deben dejar de hacerse su densitometría, según lo indicado por su médico, así como mantener un consumo adecuado de calcio y acudir al médico ante cualquier síntoma de fractura (a veces se producen pequeñas fracturas que se confunden con roturas fibrilares o contracturas», aclara el doctor Mascías.

Epílogo

MI MANIFIESTO *RUNNER*

Muchas de las páginas de este libro las he escrito mentalmente mientras me faltaba el aire (y las fuerzas) para completar esa última serie de mil o en los días de tirada larga por las cuestas de Paracuellos, cuando me entretenía cavilando nuevas ideas e intentaba recordar anécdotas de estos cuatro años, para que así los kilómetros se me hiciesen un poco más amenos.

Correr para mí ha sido una sorpresa, un viaje con un destino incierto que nunca termina al pasar por la línea de meta, porque por muy cansada y agotada que esté, aunque me duelan hasta las pestañas del mismo esfuerzo, cuando paro el cronómetro, mi mente ya está ocupada pensando en el próximo reto. Y así, sin saber muy bien cómo, he pasado de no correr ni diez metros a plantarme en el arco de salida de un maratón.

Dicen que la recompensa está en el camino y para un *runner* no hay nada más cierto. Corriendo he aprendido que siempre puedo ir un poco más allá. Aunque son mis piernas las que devoran los kilómetros, es mi cabeza la que al final dice «hasta aquí hemos llegado». Es, además, un viaje personal de autorreafirmación. Es tener las agallas suficientes para plantearse un reto y también la cabeza fría para asumir que las cosas a veces no salen como habías previsto. Es un ejercicio de fuerza de voluntad y de superación de dificultades, pero, sobre todas las cosas, correr para mí habla de amistad y de solidaridad. Y por eso es tan increíblemente maravilloso.

Correr estimula mi imaginación. Me he inventado miles de historias al alba, al atardecer e incluso en un descampado detrás de una gasolinera. Me he visto cruzando la meta del maratón de Londres cuando todavía ni siquiera me había inscrito. He compartido viajes y muchas, muchas, risas con amigas que han estado siempre ahí para darme aliento en esos días en los que todo eran dudas, porque los corredores tenemos empatía: somos capaces de ponernos en las piernas del otro. Cuando corres, sabes que ese mensaje de ánimo, ese aplauso, ese «venga que no queda nada, tú puedes» puede ser la energía que alguien necesita para llegar hasta la meta. Sí, aunque venga de un completo desconocido.

Son muchas las lecciones que me ha dado este deporte, estas son algunas de ellas.

Diez cosas que he aprendido corriendo

1. Una carrera es lo más parecido a un parto: cuando pasas por meta se te olvida el dolor y el sufrimiento previo y estás dispuesta a repetir porque ha merecido la pena.
2. Correr hace posible lo imposible.

3. Exige esfuerzo y es duro, pero la satisfacción que produce siempre compensa.
4. Las mujeres que corren son felices y están orgullosas de sus cuerpos (solo quien tiene confianza en sí misma es capaz de hacerse fotos sudada, congestionada y en mallas).
5. Correr desarrolla la paciencia y la conciencia de que las cosas llevan su tiempo.
6. Me ha enseñado a no rendirme nunca.
7. A vivir sin miedo.
8. Correr me ayuda a ser inconformista y exigirme siempre un poco más.
9. Me insta a ser más fuerte y dosificar mis energías.
10. A disfrutar de la inmensa fortuna de estar llena de vida.

No quiero terminar este libro con un punto final, sino con tres puntos suspensivos, porque así es la vida del *runner*. Siempre digo que se empieza contando por cinco y se termina (quizá) en los cuarenta y dos, y esa es mi nueva meta por cumplir: el maratón de Londres. Correr 42 kilómetros con 195 metros era algo impensable aquel 4 de septiembre —el día que me calcé las zapatillas de correr por primera vez—, pero quemando kilómetros he comprobado que todo es posible, y mientras me quede energía en las piernas iré hasta donde mi corazón me lleve, porque esta historia de amor no termina nunca, solo continúa…

Anexo

PLAN DE ENTRENAMIENTO PARA 10 KILÓMETROS
DE LUIS JAVIER GONZÁLEZ, DE EASY RUNNING

Sistema de entrenamiento

Entrenamiento fraccionado

Fraccionamos las distancias de entrenamiento para correr en un tiempo objetivo. Intercalamos una recuperación determinada de 5' o 6' para lograr correr un poco más fuerte que nuestro ritmo de carrera continua (tanto en la distancia que corras antes de la recuperación como en la de después, debes ir más rápido que en la carrera continua). Las recuperaciones las haremos parados y estirando.

Cambios de ritmo

Con este sistema de entrenamiento corremos una distancia determinada, a distintas intensidades y a diferente frecuencia cardiaca. La recuperación es trotando muy suave. Es el también llamado *fartlek* sueco, que significa «juego de velocidad».

Carrera continua

Es el sistema de entrenamiento más básico de todos, correr una distancia de forma continua, sin parar, a un ritmo suave y uniforme.

Flexibilidad

Ejercicios de flexibilidad de los principales músculos implicados en la carrera, para regular nuestro tono muscular, mejorar nuestra coordinación intramuscular, mejorar la amplitud de movimiento, facilitar la economía de zancada y equilibrar la función sinérgica del movimiento, entre los beneficios más importantes. Los músculos inferiores a trabajar son: cuádriceps, isquiotibiales, gemelos, aductores y glúteos. También debemos estirar el tren superior.

Fuerza

Introducimos en el plan sesiones de fuerza con los siguientes objetivos: tener un mejor acondicionamiento físico; mejorar la eficacia de zancada y eficiencia energética; correr más rápido a medida que tengamos más fuerza; evitar la aparición de lesiones inoportunas.

Ritmos

1. Ritmo suave: hasta el 60 por ciento de frecuencia cardiaca máxima.
2. Ritmo medio: 60-80 por ciento de frecuencia cardiaca máxima.
3. Ritmo fuerte: a partir del 80 por ciento de frecuencia cardiaca máxima.

	Lunes	Martes	Miércoles	Jueves	Viernes	Sábado	Domingo
Semana 1	Descanso	5’ calentamiento Flexibilidad FRACCIONADO RITMO MEDIO 2 km 5’ recuperación 1 km	Descanso	5 km CARRERA CONTINUA SUAVE Flexibilidad Fortalecimiento	Descanso	CARRERA CONTINUA PROGRESIVA 4 km Flexibilidad *Core*	Descanso
Semana 2	Descanso	5’ calentamiento Flexibilidad FRACCIONADO RITMO MEDIO 2 km 5’ recuperación 2 km	Descanso	5 km CARRERA CONTINUA SUAVE Flexibilidad Fortalecimiento y *core*	Descanso	CARRERA CONTINUA PROGRESIVA 5 km Flexibilidad *Core*	Descanso
Semana 3	Descanso	5’ calentamiento Flexibilidad FRACCIONADO RITMO MEDIO 3 km 6’ recuperación 2 km	Descanso	6 km CARRERA CONTINUA SUAVE Flexibilidad Fortalecimiento y *core*	Descanso	10’ calentamiento / flexibilidad CAMBIOS DE RITMO 2 x (1 km fuerte + 1 km suave)	Descanso

Semana 4	Descanso	5' calentamiento Flexibilidad FRACCIONADO RITMO MEDIO 3 km 6' recuperación 3 km	Descanso	7 km CARRERA CONTINUA SUAVE Flexibilidad *Core*	Descanso	10' calentamiento / flexibilidad CAMBIOS DE RITMO 3 x (1 km fuerte + 1 km suave)	Descanso
Semana 5	Descanso	5' calentamiento Flexibilidad FRACCIONADO RITMO MEDIO 4 km 6' recuperación 3 km	Descanso	8 km CARRERA CONTINUA SUAVE Flexibilidad *Core*	Descanso	10' calentamiento / flexibilidad CAMBIOS DE RITMO 4 x (1 km fuerte + 1 km suave)	Descanso
Semana 6	Descanso	5' calentamiento Flexibilidad FRACCIONADO RITMO MEDIO 4 km 6' recuperación 4 km	Descanso	6 km CARRERA CONTINUA SUAVE Flexibilidad	Descanso	15' calentamiento / flexibilidad	10 km

Agradecimientos

A Ana Lafuente, mi editora, por confiar en mi historia desde el principio y guiarme durante mi particular maratón narrativo, porque en los momentos en los que no veía la meta ella ha sabido animarme para seguir adelante.

A mi amiga Amaya Ascunce, porque de nuestro *brainstorming* cafetero nació mi blog *The beauty mail*, este libro y otros proyectos increíbles. Aunque creo que nunca conseguiré que corra, al menos ha dejado de fumar, y, como ahora está por escrito, ya no le quedará otra que vivir libre de humo.

A mi amiga Clara Montoya —alias *Yonocorrovuelo—*, mi socia corredora, mi hermana del alma, por acompañarme en esta gran carrera que es la vida. *#twogether.*

A todos los expertos, y también grandes amigos, que han colaborado de forma tan generosa en este libro, al compartir sus mejores trucos y resolver con infinita paciencia todas mis dudas

(¡que han sido muchas!). Gracias al doctor Carlos Mascías, Ángel Merchán de Home Wellness Madrid, Luis Javier González de Easy Running, Laura Pire del Centro de Nutrición Avanzada, Cintia Costas de la clínica veterinaria Kynós, y la experta en *fitness* Amalia Panea.

A mi amiga Celia Llorente, porque si aquel 4 de septiembre nos hubiesen dicho que yo terminaría corriendo un maratón, animando a media España a calzarse las zapatillas y que, además, escribiría un manual de *running* para mujeres, en el que ella participaría como experta, nos hubiese parecido tan improbable como que nos tocase el Euromillón.

A mis tres mosqueteras, Amaya, Eva y Tamara, por compartir un sueño y porque siempre nos quedarán los recuerdos de lo bien que lo hemos pasado a golpe de zapatilla.

A Jose Carnero, José Ritoré y Maite Lama de Uno Entre Cien Mil por toda su ayuda en las quedadas de Mujeres que Corren y, sobre todo, por darme la mejor excusa para no saltarme los entrenamientos. Correr por otro es la energía que siempre me lleva hasta la meta.

A mi familia, incluida la *extended*, porque juntos hemos superado algunos «muros» y hemos celebrado muchas victorias.

A todos mis compañeros del Club de Atletismo Paracuellos, y en especial a Eva Jimeno, por los kilómetros compartidos y porque, sin saberlo, ellos fueron el germen de esta aventura.

A mis amigas de siempre, Azahara, Bego, Gemma y Paula, porque juntas hemos ido quemando etapas. Gracias por ser las protagonistas de mis recuerdos.

A todas esas mujeres que al otro lado de la pantalla me siguen fielmente a las ocho de la mañana, todos los martes y jueves, con el café en una mano y el ratón en la otra. Juntas hemos aprendido lo importante que es irse a la cama «limpina y fresquina», que antes muertas que pisar la calle sin SPF, y que el ejercicio, además de ayudar a controlar los kilos, nos hace poderosas. Gracias por ser una fuente de inspiración constante y por tanto amor 2.0.

A mis *ladies*, que ya se cuentan por miles, por ser de mi banda. Porque nunca pensé que Mujeres que Corren se convertiría en una marea *runner* solidaria tan increíble. Cada vez más, cada vez más fuertes.

A toda la redacción de *ELLE* por escuchar con tanta paciencia mis aventuras con mallas y a lo loco y animarme siempre antes de mis carreras. Seguiré perseverando para hacer de vosotros grandes *runners*.

A Pablo Gómez de IFtraining y Chus Fernández de Entrenos.net por ayudarme a alcanzar mis metas. A Sergio Gómez de SG Elite (alias *el Señor de las Agujas*), por sus mimos y cuidados y por todas esas horas de terapia en las que en menos de una hora hemos arreglado el mundo.

A mis amigos de Adidas, Sandra Tambo y Marta Tejel; Asics, Alberto Gaudioso y Victoria Gracia; y Nike, Yanira Gil y Judith Rubinat, por ayudarme a crear retos increíbles en los que me han acompañado siempre mis lectoras.

A mi querido doctor Solís, porque nunca podré dejar de darle las gracias por todo y por tanto. Hace once años me enseñaste las dos leyes *runners* más importantes: fraccionar el objetivo y visualizar «siempre» la meta.

Gijón, 30 de diciembre 2013

Bibliografía

ANDERSON, Bob: *Estirándose*, Barcelona: RBA Libros, 2010.

FERRER VIDAL-BARRAQUER, Eva: *Cambia de vida, ponte a correr*, Barcelona: Ediciones Oniro, 2013.

FUSTER, Valentín: *El círculo de la motivación*, Barcelona: Editorial Planeta, 2013.

— y Luis ROJAS MARCOS: *Corazón y mente*, Barcelona: Editorial Planeta, 2010.

GARCÍA, Juan Manuel, Manuel NAVARRO y José Antonio RUIZ: *Bases teóricas del entrenamiento deportivo*, Madrid: Editorial Gymnos, S. L., 1996.

GONZÁLEZ, Juana M.ª, y otros: *La dieta inteligente para runners*, Editorial De Vecchi, 2013.

GULATI, Martha, y otros: «Myocardial Ischemia in Women. Lessons from NHLBI WISE Study», *Clinical Cardiology*, 35 (3), 2012.

HARVIE, Michelle y Tony HOWELL: *La dieta de los dos días*, Madrid: Ediciones Temas de Hoy, 2014.

KOWALCHIK, Claire: *The Complete Book of Running for Women*, Pockett Books, 1999.

MARTÍNEZ, Chema: *No pienses, corre*, Madrid: Espasa, 2013.

OLIVENCIA PEÑA, L., y otros: «Síndrome coronario agudo en la mujer. Diferencias de género», *Medicina Clínica*, 137, 2011.

PEDREIRA, M. e I. MADARIAGA: «Cardiopatía isquémica en la mujer. ¿Cada vez más diferencias?», *Medicina Clínica*, 137 (14), 2011.

RADCLIFFE, Paula: *How to Run: From Fun Runs to Marathons and Everything in Between*, Simon and Shuster UK, 2011.

REY, Alberto: *El entrenamiento ideal*, Madrid: La Esfera de los Libros, 2012.

Runner's World: *La guía del corredor*, Barcelona: Grijalbo, 2013.

SÁNCHEZ, Domingo: *Mujer en forma, el reto*, Madrid: Producciones Prowellness, 2011.

SANDBERG, Sheryl: *Vayamos adelante*, Barcelona: Conecta, 2013.

SERRANO, Javier: *Manual del buen corredor*, Madrid: La Esfera de los Libros, 2012.

SWITZER, Kathrine: *Marathon Woman*, Da Capo Press, 2009.

WILLMORE, Jack H. y David L. COSTILL: *Fisiología del esfuerzo y del deporte*, Barcelona: Editorial Paidotribo, 2004.